かき氷
for Professional

氷の知識から売れる店づくり
人気店のレシピとバリエーション

旭屋出版

INTRODUCTION
特別寄稿

かき氷の可能性

『埜庵』店主／かき氷文化史研究家

石附浩太郎

　この本が出版される2019年は新しい元号に変わる年です。そして、新しい元号に切り替わる5月1日は、埜庵が鵠沼に引っ越してきて再出発した日でもあります。今年で15年目です（鎌倉で創業した時からだと17年）。新しい年を迎えるにあたって、かき氷と自分の店について、少し振り返ってみます。

　かき氷の歴史というと必ず出てくるのが清少納言の枕草子。

「削り氷に甘蔓入れて新しき金椀にいれたる」

　削った氷に樹液のシロップをかけて大陸から渡ってきた金属製の器に盛りつける。第42段、「あてなるもの」の中でこのように紹介されています。「あてなるもの」とは高貴なもの、とても上品なもの、という意味です。文字通り、こんな楽しみ方ができたのは一部の特権階級にすぎませんでした。それは何故かというと、氷が今と違って簡単に手に入るものではなかったから。今ではコンビニに行けばいつでも買えますし、冷蔵庫にはいつ使われるかわからない氷が隅の方に必ずあります。あまりに当たり前すぎて誰もありがたがりもしないのですが、実は私たち庶民が自由に冷たいものを口にできるようになったのは、長い歴史の中でいえばつい最近。日本であれば明治時代になってから。枕草子の時代からだと、さらに900年ほどの時を待たなくてはいけません。

　清少納言の時代には、宮中に水や氷を管理する部署がありました。それだけ氷は大事な特別な存在だったのです。

　江戸時代になっても状況はあまり変わりません。氷は徳川家への献上品になるほど希少でした。運ばれる当日は、長持からこぼれる冷たい水を目当てに、江戸の市民が群がったという記述があります。まだまだ庶民にとって、冷たいものを口にするというのは贅沢だったのでしょう。やはり江戸時代、南国の土佐藩で四国山地の山奥に氷室があったという記録を見ることができます。高知といえば、土佐日記の紀貫之が国司として赴任したのは有名な話。恐らく、当時としては先進的だった氷室の技術は、こうした都の貴族が地方長官として赴任する際に広められたのではないでしょうか。そう考えると浪漫が広がります。

　人間が自らの手で、どの季節でも氷を手にすることができるようになったのはいつの頃なのかというと、先ほども

述べたように、日本では明治の時代になってからです。世界的に見ても1830年代に圧縮式冷凍機が発明されてから。つまり、明治以前はかき氷というより、氷をどうやって夏まで保存するか、という人間の知恵の歴史でした。私たちの言う、近年のかき氷の歴史とは、明治時代以降と考えるのが妥当でしょう。

明治になって、氷の保存、製造の技術が一般的になってきたことによって、氷はそれまでと違って庶民にも手が届くものとなりました。その結果、かき氷が大ブームとなります。当時の庶民にとって、「冷たい」は、今の私たちには想像もできないくらいのおいしさだったに違いありません。「温かい」は、人類が初めて手にしたおいしさで、「冷たい」は一番最後に手に入れたおいしさだと私は考えます。

その「冷たいおいしさ」を、日本人なりにカタチにしたのが「かき氷」です。暑い時に冷たいものをたべたいというのは、人間の生理的な欲求です。今日ある氷菓を、どの国が起源か、と考えるのは少々無理があります。でも、人間が自由に「冷たい」を手に入れることができたのがまだほんの百数十年と考えると、世界中にある氷菓の違いを、そのまま、その国の食文化として捉えることができます。アイスクリーム、ジェラート、ソルベ。そして日本はかき氷。

そんなかき氷も、つい最近までは夏だけの食べ物として存在してきました。埜庵がスタートした2003年頃は、冬にかき氷を食べる人たちはまだほんの少し。一年中食べるというのはまだまだ「変わり者」でした。その意識が壊れてきたのはつい最近。まだ10年もたっていないくらいです。ただ、この10年はかき氷にとって今までの百何十年をいっぺんにひっくり返すくらいの大きな変革期でした。

寒い時でも食べるという意識改革ができたことで、今までにない試みができるようになりました。まず、冬には冬の素材を使ってシロップを作る。明治の頃に最初にブームとなったのが檸檬水だったように柑橘類はシロップには最も適した素材です。そしてなんといっても「いちご」。これら冬が旬のくだものを使ってシロップを作る、という「新しい手法」が一般的になっていくことで、一気に「かき氷」の可能性が広まりました。

当時、僕が大事に考えたのは、冬にかき氷を食べる理由を明確にすること。それは、埜庵のお客さまを職場や学校で「おかしな人」にしないため。そのために考えたのが「Wいちご」。生のいちごのゼリー寄せを、生の

いちごから作ったシロップのかき氷の中に入れる。ゼリーを入れることで氷との温度差が出来て、口の中をひと休みさせます。冬にこそ必要で冬にしかできないかき氷。「本当に美味しい苺のかき氷はこの時期だけなんだよ！」。周りの人にそう伝えていただく事で、冬のかき氷は少しずつ広まっていきました。

　良い素材を使うことで1杯の価格も従来の値段とは違うようになりました。お客様が1杯のかき氷に払ってくださる金額の概念が変わり、意識改革ができたことでかき氷の可能性は一気に広がりました。最初の頃は同業者からも「高い」という意見は聞かれました。でも、昔のように一杯の値段が300円ほどだったら、質感を競うという今の発想は生まれていなかったと思います。確かにお子様が小銭を握りしめて、という場面は減ったかもしれません。そのかわりに僕が作りたかったのは「親子で一緒に楽しむかき氷」。今の状況を見ていると、その思いは達成されたと思います。そして、ここ数年は新しい素材だけでなく、エスプーマを使ったもの、ケーキの形をしたもの、今までにない「新しい技法」を駆使したかき氷が「進化形」と呼ばれるようになりました。ますますの進歩を遂げています。

　可能性の広がりは器の中だけではありません。4年前、2015年にアメリカ最高峰の料理学校である『カリナリー・インスティテュート・オブ・アメリカ（通称CIA）カリフォルニア分校』において、多くの日本人シェフの方々と共に、アジア代表として全米中の料理関係者の前でかき氷を削り、講演をするという機会をいただきました。サントリーさんからの依頼での渡米です。今、思い出しても身の縮むような体験でしたが、とても良い経験になりました。

　一番喜ばしかったのは、だだっ広い共同の厨房での仕込みが終わると、多くの外国人シェフが自然と集まってきてくれたこと。はじめは「シェイブアイスに仕込みなんかいらないだろ」という好奇の目の中での作業でしたが、最後は現地の料理人にとって「amazing」と称賛され、歓迎されました。日本人としてとても誇らしい気持ちと、同時にかき氷のもつ可能性を強く意識しました。

　今は日本食が世界的にブームでもあり、海外でのかき氷はとても人気です。アジア圏では特に。お隣の韓国や台湾では、自国のシェイブアイスに替わって日本式かき氷の専門店が急増しています。海外での可能性の大きさは日本をしのいでいるといえるでしょう。

　一方、国内では町おこし的に近年、かき氷が取り上

PROFILE
石附 浩太郎
KOTARO ISHIZUKI

1965年、東京都出身。大学で商品学を学び、音響機器メーカーを経て、2003年にかき氷を通年提供する店として『埜庵』を鎌倉で開業。2005年に藤沢・鵠沼海岸に移転。旬の果物などの食材を独創的なシロップに仕立て、四季折々のおいしさを表現するかき氷は真冬でもファンの訪問が絶えない。

げられています。私がかかわっているだけでも、山梨県北杜市と新潟県長岡市・燕三条市があります。 山梨の北杜市では、天然水や果物などその土地の特産品を使って氷、シロップを作っています。農業の6次産業化といった時に、かき氷は従来とは違った切り口の提案にもなります。

新潟の長岡市・燕三条市は「金属加工・ものづくりの町」としての有名です。かき氷機の刃にこだわったり、それこそ今までにないかき氷の機械まで自作してしまうなど、新しい形の町おこしの可能性を見ることができます。

最後に、ビジネスとしてのかき氷について触れておきます。今までの飲食業はスケールメリットで利益を出していくというのが当たり前の考え方でした。でも今はそのカタチが崩れつつあります。自分たちが作ったシステムを自分たちで維持できない。慢性的な人不足で苦しむのはむしろ大手飲食チェーンの方でしょう。今は個人店でも戦いやすい時代になっていると思います。その中にあってもかき氷はスケールメリットを出しにくい商品です。一度にたくさん作ることも、持ち帰りも通販もできません。大手も個人もほぼ同じ条件で競い合うしかないのです。このような商材が他にあるでしょうか。そして、大手に蹂躙されないマーケットがあることで、数多くの個性ある店が生まれ、その事がかき氷の新しいカタチを生み続けています。器の中身も外側も。常にそばにいる僕たちでさえも、まだまだ気がついていないようなことがたくさんあります。

「かき氷の可能性」というタイトルでお話ししてきましたが、良いことばかりではありません。それは加熱できない食品であるかき氷は、常にリスクが伴う食品であることです。かき氷ブームと呼ばれる今、私たち営業者はそのことを更に強く意識しなくてはいけません。飲食業という仕事が大手も個人も共に厳しい状況下にある中で、経営者としてはより多くのお客様にご利用いただく方法を考えなくてはいけません。季節やブームで爆発的に集客が可能なかき氷は「客寄せパンダ」的な役割を負わされる場合がしばしばあります。集客のために「何をしたらよいのか」ということが話し合われる中、実はそれ以上に「何をしてはいけないのか」の方が重要なのがかき氷。私たち営業者一人一人がそのことを強く意識して、安全について真摯に考え実践していくことが、実はこの先のかき氷の未来に一番大事なことであると私は確信しています。

CONTENTS
かき氷 for Professional

2 かき氷の可能性
　特別寄稿／『埜庵』店主　石附浩太郎

9 **CHAPTER 1　かき氷の「氷」について**
　監修／『埜庵』店主　石附 浩太郎
　　10　氷の歴史
　　14　埜庵の氷

19 **CHAPTER 2　かき氷の「シロップ」**
　～味づくりの考え方とバリエーションの広げ方～
　監修／IGCC 代表（Italian Gelato & Caffè Consulting）根岸 清

29 **CHAPTER 3　人気店のかき氷レシピ**
　　30　Adito　　　　　　68　吾妻茶寮
　　38　Café Lumière　　74　あんどりゅ。
　　46　komae café　　　80　kotikaze
　　54　BWカフェ　　　　88　かき氷 六花
　　60　Dolchemente　　96　Shop Data

98　ブロックアイススライサー「BASYS」で作る まるでケーキのようなドルチェ氷／『Sebastian』
100　ブロックアイススライサー「BASYS」を使った ふわふわかき氷メニュー開発のポイント／根岸 清

本書をお読みになる前に
○本書は主に人気店のかき氷のレシピやメニューバリエーションを紹介しています。加えて、氷やシロップに関しての知識を深めたり、かき氷店経営の一助となる情報をまとめています。
○内容は2019年3月現在のものです。お店の情報やかき氷の値段、提供期間、材料や作り方、デザインなどは変わることがあります。
○Chapter2、Chapter3の材料と作り方の表記は各店の方法に従っています。分量に「適量」「少量」とあるものは、様子を見ながらお好みでお使いください。また火加減、調理時間などは各店で使用している機器を使用した場合のものです。あくまで目安とし、様子を見ながら進めてください。

101 CHAPTER 4 行列店のかき氷バリエーション

- 102　Cafe&Diningbar 珈茶話 Kashiwa
- 108　氷舎 mamatoko
- 114　KAKIGORI CAFE&BAR yelo
- 120　和Kitchen かんな
- 126　氷屋ぴぃす
- 134　二條若狭屋 寺町店
- 140　べつばら
- 146　kakigori ほうせき箱
- 152　おいしい氷屋 天神南店
- 158　Shop Data

160　MONINシロップが味の決め手！抜群のご馳走感で大人気の韓国かき氷
　　／『SNOWY VILLAGE 新大久保店』

163 CHAPTER 5 かき氷店を100年続けるために
～愛されるお店の作り方～

監修／『埜庵』店主　石附 浩太郎

- 164　1. 先駆者として
- 166　2. 長く愛されるお店の価値作り
- 168　3. お客様とのコミュニケーション
- 170　4. 『埜庵』のかき氷
- 174　5. かき氷ビジネスのさらなる広がり

180　奥付

CHAPTER

1

かき氷の「氷」について

ABOUT ICE

監修 埜庵 店主
かき氷文化史研究家
石附 浩太郎
ISHIDUKI KOTARO

構成　山本あゆみ

PART 1 氷の歴史 HISTORY OF ICE

冷たいおいしさを誕生させた氷

　今では当たり前のように入手できる氷。季節を問わず、誰もが冷たいおいしさを楽しめるようになったのは日本でいえば約150年前の明治時代に入ってからだ。氷は、かき氷の材料だけではなく、食材の保冷・保存に欠かせないもので、天然氷の製氷や機械製氷の技術は食生活に大きな変化をもたらした。

　夏の貴重品である氷は、中国やインドでは紀元前1000年以上前から氷雪の貯蔵や利用が行われていた。また、古代ローマ時代には、アレキサンダー大王（紀元前356～323年）が戦用に作った氷や雪が詰め込まれた貯蔵穴があったとされている。

　日本でも古くから氷を貯蔵する「氷室」が存在しており、『枕草子』（1000年頃完成）の第42段「あてなるもの（高貴なもの・とても上品なものの意味）」のなかで清少納言が、削った氷に樹液のシロップをかけて大陸渡来の金属の器に盛りつけたと記している。以降、氷を口にすることができるのは江戸時代の徳川将軍家のような特権階級か、氷雪が入手できる山里に住む一部の人々しか成し得ることはできず、貴重なものであり続けた。

　長い時を経て、庶民が夏に冷たいものを口にしておいしさを実感できるようになったのは1853年ペリー来航を機に、日本が開国に向けて動き出し、文明が花開いた頃。1854年の日米和親条約、1858年の日米修好通商条約が締結され、横浜や神戸、東京に外国人居留地ができ、牛肉や牛乳など、今まで日本人に馴染みのない食品が日本国内でも流通するようになった。食料の保存に初めて氷が必要となったが、当時の日本に氷の商業流通はまだなかった。

　明治時代以降の氷の歴史に欠かせない人物が中川嘉兵衛だ。横浜開港を聞きつけ、京都より駆けつけた嘉兵

P10～12　撮影：細島雅代

日光『三ツ星氷室』の採氷池での切り出し作業。例年1月に行われ、陸の近くから切り始め、奥へと進んでいく。鍵状の道具で陸揚げされ、築約130年の氷室へと運ばれる。

衛は屠場、牛乳屋、牛肉屋を開業。その後、米国人宣教師であるヘボン医師から「氷は食べ物の保存に大いに役立ち、また医療用の効果も大きい」と聞き、氷を安くして庶民に供給したいと決意した。

　当時、火傷や熱病の治療で氷の需要があったが、日本には氷の生産・輸送技術はなく、アメリカのボストンより半年間かけて高価な天然氷『ボストン氷』（ビール箱大の氷で3～5両、現在の30～60万円）を輸入していた。嘉兵衛はまず、1861年に富士山麓の1650㎡の地に多数の小池を造成して氷を作り、その後、諏訪湖、日光、釜石、青森などで製氷・採氷を試みたがいずれも失敗に終わり、最終的に北海道に渡り、函館・五稜郭堀で採氷に成功する。明治3（1870）年には600tの氷を製造し、翌年には函館に3500tを積入れ貯氷庫を建設。品質良好で安価な五稜郭の『函館氷』はボストン氷の品質に並ぶものとして有名になり、次第にボストン氷を駆逐していった。天然氷はメイドインジャパンの商品が外国製品に打ち勝った第1号かもしれないといわれている。

　こうして嘉兵衛の天然氷事業はスタートした。日本橋・箱崎町に大型氷室を建設した結果、低価格での販売が可能になり、庶民の間で夏の氷ブームが沸き起こる。関東近郊でも採氷を行う業者（蔵元）が誕生し氷の販売を開始するところも増えた。

　庶民から支持された天然氷だが、氷を人工的に作り出す機械製氷が流通するようになり、明治16（1883）年に日本人資本による初の製氷会社となる『東京製氷株式会社』が設立。続いて中川嘉平衛も機械製氷に着目し、亡くなる年でもある明治30（1897）年に長男の佐兵衛を発起代表人とする『機械製氷会社』を設立し、2年後から氷の販売を開始した。

（左上）氷の1枚の大きさはおよそ幅50cm×長さ70cm×厚さ15cmで重さは45kg以上ある。（左下）1回に切り出す量は3か所の池を合わせて7000枚弱。氷室の天井の高さにまで積み上げ、最後におがくずをかぶせる。杉と檜のおがくずには吸湿と殺菌の作用がある。中心部に積んだ氷を守るために、周りに予め溶けてしまう氷を配置する。夏までその氷が守られること自体が現代人には驚きであり、先人の知恵に感謝するという。（右）氷室に運び入れ、氷の向きを交互に積み上げて行く。

天然氷を受け継ぐ、現代の蔵元たち

　明治から受け継がれてきた天然氷の蔵元は昭和初期には全国で100軒ほど存在していたが、現在では栃木県日光市『三ツ星氷室』、『松月氷室』、『四代目氷屋徳次郎（吉新氷室）』、埼玉県皆野町『阿左美冷蔵』、長野県軽井沢町『渡辺商会』の5軒と、平成になって創業した山梨県北杜市『蔵元八義』山梨県山中湖町『蔵元不二』の2軒を合わせた7軒のみとなっている。天然氷は天候などの関係で毎年の生産量が必ずしも一定ではない。製氷会社で計画的に作られる氷とは生産面では大きく異なる環境にある。

　天然氷は周囲の山々や森林によって育まれた良質な水を池に引き込み、時間をかけてじっくりと凍らせた氷で、溶解率が低い。この章の監修をお願いしている石附浩太郎さんの店『埜庵』では、日光市『三ツ星氷室』の天然氷を使っており、現在、5代目となる吉原幹雄さんが当代を務める。石附さんは例年、年初の採氷の時期になると日光まで出向き、氷の切り出しを手伝っている。

　『三ツ星氷室』の氷作りは、夏のかき氷のシーズンが終わるとすぐに始まる。まず池に注水する水は保健所の水質検査と専門機関による放射性検査を受ける。食用の天然氷は非加熱処理の食材であるため、厳格な検査が必要だ。基準をクリアした後、山の中にある3か所の池に注ぎ入れる。池の規模は合わせて約1000坪。毎日の夜明け前の点検と表面の掃除を欠かさず行い、氷の成長を見守る。

　採氷は晴天で気温がマイナス4〜5℃まで下がる日が2週間続き、氷の厚さが15cmに達したら可能になるが、充分に氷が成長しないうちに降雨や降雪の影響を受けると、破却して最初から作業をやり直す。採氷作業で1回に切り出される氷は3つの池を合わせて約7000枚。手分けして陸に上げ、氷室へ運び、殺菌作用のあるおがくずをかぶせ、夏まで保管する。極寒の中での作業は重労働だが、石附さんにとって、その年の氷の状態を確認できる貴重な機会だ。

　食用の天然氷を育てることは農作物を作ることに似ている。氷を育て、収穫し、良い状態のまま保管することは想像をはるかに超えるものだ。

　家業として代々受け継がれている天然氷。明治以降、今に至るまで、私たちの夏の楽しみとして存在するのは蔵元の努力と経験があってこそと、石附さんは説く。

『埜庵』で使用する『三ツ星氷室』の天然氷。その日に使う天然氷は発砲スチロールのケースに入れて保管する。氷の温度はマイナス6℃。

2階客席にディスプレーする(株)中部コーポレーションの『初雪』ブランドのかき氷機。昭和40(1965)年頃の製造でレトロな雰囲気を醸し出す。

氷を食べる＝水を食べるという日本の食文化

　天然氷と機械氷のおかげで、夏でも庶民が口にすることができるようになった氷だが、削り氷やかき氷のように氷を削って食べるという行為は、日本独自の文化といっても過言ではない。明治時代以降、かき氷ブームは何度か訪れている。

　明治初期、夏の氷は飲食用にも使用されており、氷を砕いて水の中に入れた「氷水」が流行した。町田房蔵という人物が横浜の馬車道に氷水屋を出店し、これがかき氷・アイスクリームの店の元祖と呼ばれている。

　また、『横浜開港側面史』には、同じ馬車道で中川嘉平衛も氷屋を出店し、函館氷を売り出したとあり、夏の炎天下に氷を食べられるとあってコップ1杯が高価なものにもかかわらず、開店初日から2時間も並ぶ混雑ぶりが記されている。

　さらに明治半ばになると、氷の生産手段が天然氷だけではなく、機械氷も加わり、競争が激しくなる。東京でも氷屋が急増し、かき氷を扱う店も増えた。氷の生産量が増えたことでかき氷屋を開業しやすくなり、氷の価格も下がって庶民も手軽に食べられるようになった。明治時代の商売をまとめた『明治商売往来』の「氷屋」を紹介する文には「よく売れるのは氷水で高台付きのギヤマンのコップにまず甘露水を入れた上に氷をかいて山盛りにし、ブリキ製の匙をさしこんでくれる」とあり、現在のかき氷の形に近い。そのほか、甘露を入れないで白砂糖をかけた「雪の花」、氷を布で包み、金槌で叩いた氷片を出した「氷あられ（通称ぶっかき）」をはじめ、「氷みかん」、「氷いちご」、「氷ぶどう」など、果汁をいれたものや、「氷白玉」、「氷汁粉」、「氷薄茶」など、バラエティに富んでおり、焼き芋屋が夏場だけ氷屋に転業するケースもあったという。

　こうして氷の普及により冷たいおいしさを手に入れ、製氷と低温冷蔵の技術は庶民の食生活を豊かにし、用途も広がっていったが、日清戦争以降4度の戦争により状況は一変した。

　港の近くに多かった製氷工場は、空襲によって被害を受け、終戦直後の氷の生産量は激減していた。食料不足を補う意味でも、魚などの食糧の保存、流通を助ける製氷工場の復旧は戦後の優先復興の対象でもあった。

　第2次世界大戦後から復興し、高度経済成長期を迎えた昭和45(1970)年頃、氷ブームが再燃するが、その10年ほど前から家庭に普及し始めた電気冷蔵庫の存在が大きい。それまでは氷は氷屋から届けてもらうのが一般的だった。小型ながら電気冷蔵庫の冷凍庫で水を凍らせ、氷ができるようになったことで家庭用かき氷機やメロンやイチゴなどのシロップも発売され、かき氷を楽しめるようになった。水を凍らせて食べるかき氷は家庭で一番身近なデザートとして育まれていった。

PART2　埜庵の氷　NOAN'S ICE

削り人は現在9名。長女の石附千尋さんが2019年から新卒で入社した。初めて店の手伝いをしたのは小学校3年生の時。「小さいとき、夏休みの思い出はない。友達が羨ましかった。でも大学の4年間アルバイトを通して、埜庵のお客様ってほんとうにすごいなって思いました」。

天然氷は自然が生み出す力と蔵元の努力の結晶。僕にとって、かき氷という仕事の原点です

　小田急電鉄江ノ島線・鵠沼海岸駅近くに位置するかき氷の店『埜庵』。開業から17年間、通年でかき氷を提供する人気店で、かき氷業界の先駆者的存在だ。

　店主の石附浩太郎さんは音響メーカーの元営業マン。33歳の時、長女の千尋さんと訪れた秩父で天然氷の蔵元『阿左美冷蔵』のかき氷を食べ、ひとつの料理としての完成度に感動し、以来、会社員を続けながら『阿左美冷蔵』に2年余りの間通い詰めた。主人の阿左美哲男さんと天然氷や地球温暖化問題、かき氷というビジネスの可能性などの話をし、阿左美さんの人間性とかき氷の可能性に惹かれたことがこの世界に入るきっかけとなった。

　現在、石附さんのかき氷に使われている天然氷は日光『三ツ星氷室』のもので、毎年、採氷の時期には作業に出向く。極寒の厳しい環境下で行われる手作業による採氷などは、阿左美冷蔵の頃から数えてもう20年近くも経験しており、それがいかに苦労を伴う仕事だということも熟知している。

　「僕はよく『氷をお預かりしている』といういい方をするのですが、採氷作業は大変なことで、天然氷ができる過程の一部分しか僕らはお手伝いできません。三ツ星さんは天然氷の卸し専門の蔵元さんで、かき氷屋を併設していないので、僕らがお預かりした氷をちゃんと扱えないと、三ツ星さんと一緒に働く仲間の評価をも落としてしまいますから。でも、天然氷だからおいしいという考え方も困ります。『埜庵のかき氷っておいしいよね。天然氷なんだって』じゃないといけない」

　天然氷は時間をかけてゆっくり凍らせるため、水の分子がゆっくりと成長していく。冷蔵庫で急速に凍らせたものより結晶ひとつひとつが大きく、結晶同士の結合部分が少ないために溶けにくい。天然氷を0℃近くまで戻しても

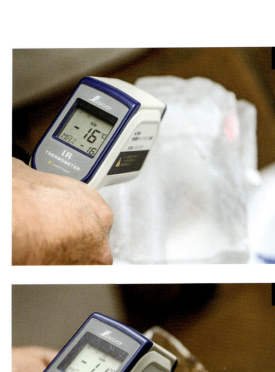

1 天然氷は翌日に使う量を冷凍庫から運び、発泡スチロール製の箱に入れてゆるめる。マイナス16℃とまだ堅い。**2** 常温でじっくり時間をかけて戻す。目安はマイナス2℃。**3** 使い終わりの氷はミリ単位の薄さになり、温度はマイナス1.1℃。いずれも、シンワ測定(株)の放射温度計を使用。レーザーポイント機能付で、非接触で測定できる。

固体のままで残っている。冷凍庫で作る氷の方が温度の上昇とともに溶けやすいのはこの結晶の大小に関係するといわれている。

かき氷の素材として考えると、天然氷は取り扱いが難しい。『埜庵』で目指しているのは「なめらかな食感のかき氷」で、口の中ですっと溶けていく氷だ。そのためには氷の状態が大切で、削る前に温度を上げて堅さをゆるめている。その氷の温度はマイナス2℃を目安としており、氷は1日に使う量を前日から発砲スチロール製の箱に移し、常温に置いてゆるめている。冬場はいつもより時間がかかるという。

「天然氷のかき氷の良さが一番よくわかるのは実は夏ではなく、冬です。『冬に埜庵のかき氷を食べても頭がキーンとしない』とよくいわれるのは、氷の温度を水になるギリギリの堅さまで戻しているからです。氷の温度ばかり注目されがちですが、マイナス2℃が適温とかではなく、氷全体の堅さを戻すことが大事です」

このひと手間こそが一番重要で一番難しいと石附さんは語る。

「ただ氷の温度を上げるという技術的なことではなく、次の日のお客さまの数をちゃんと予測しないと、残った氷は当然溶けてしまいます。明日、今週、今月、今年と、自分のお店に何人くらいお客さまが来るのか、それをキッチリ把握していないと天然氷を使うのは難しい」

天然氷は電話したらすぐ入手できるものではない。『埜庵』では必要に応じて日光までチャーター便の冷凍車を走らせて天然氷を取りにいき、年15回で30tもの量を運び、近くに借りている冷凍倉庫で保管する。2tで5000人ちょっとと計算するとおよそ8万人分のかき氷を作れる量となる。

「一年を通して天然氷を提供するというなら、お店の側も覚悟しないといけない。輸送や保管には毎年数百万のコストがかかる。それ以上に溶かして流してしまうことは単に『ロスが出る』のではなく、仲間の仕事を無駄にしてしまう」

と石附さんの考えは厳しい。『埜庵』の天然氷をおいしく感じるのは、石附さんのそんな考えの現れともいえるだろう。

右手でハンドルを調整し、左手で器を回しながら氷を積んでいく。バイトスタッフの中で一番長い人は大学1年生から大学院までの7年間削りを担当している。良いお手本がいることで、ほかのスタッフの習熟のスピードが変わるという。

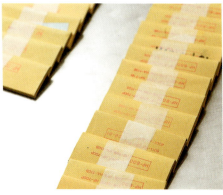

（左）かき氷機は店舗では『初雪』（株）中部コーポレーション製と『スワン』池永鉄工（株）製を計3台使用し、デパートでの催事時は5台もしくは6台でフル回転する。写真は『初雪 BASYS 電動式ブロックアイススライサー HB-310B』。（上）刃は切れ味を保つために、定期的にメンテナンスをする。2種類の角度の刃を使用し、季節によって変えている。夏の間だけで一台につき20枚ほどの刃を使用する。

氷を削るために必要なのは、削り機と刃の手入れと氷の特長を理解すること

『埜庵』の場合、おいしいかき氷を削る時のポイントは、"刃の角度"や"削り方"だけではなく、刃と氷の接触する"強さ"だ。天然氷の個性を見ながら刃にかかる強さを調節し、ハンドルを抑える力加減が必要で、削り人の勘と経験がものをいう。そのためには毎日の機械の整備と使用後の掃除、手入れが欠かせない。さらに刃の切れ味を保つために定期的なメンテナンスが必要で『埜庵』では状況に応じた研磨をお願いするため、2か所の刃物メーカーにオーダーを出している。

『埜庵』のかき氷の氷は口に含んだ時に弾けるようにすっと溶ける。よく、おいしいかき氷の氷について"薄くてふわふわの氷"というように表現されるが、削り方だけではなく、氷の特長を理解することがおいしいかき氷作りにつながる。

「薄く削ると確かにふわふわになりますが、うちの場合は削り方だけに気を取られると、器の下の方にいくとガリガリになることがあります。それには理由があります。天然氷は氷の生命力が強いので再び固体に戻ろうとする力が働きます。そこにうちの『さくら氷』のような塩気のあるシロップをかけると、周囲の熱を奪う融解熱という反応が起こり、氷はより冷たくなります。せっかく氷の温度を上げて丁寧に削っていても冷たくなるわけです。削り人はそういう技術的なこと、科学的なことを分けて理解しておくよう教えています。大事なのはふわふわ、ガリガリではなくお客さまに満足していただくこと。削り方、シロップのかけ方、色や形の美しさの3点がトータルに最適化するように指導しています。

『埜庵』の氷で作るかき氷

落花生
チョコレートソース添え

落花生ペーストは千葉県旭市のピーナッツ製造・販売会社(株)セガワ製。畑や工場に出向き、生産者の加瀬さんとは互いに行き来する仲。ローストやペーストの度合いなど、直の打ち合わせにこだわる。落花生の香ばしさを楽しみつつ、別添えのチョコレートソースを加えてより濃厚な甘さも堪能できる。1170円（税込）で販売。

参考文献

仲田定之助
『明治商売往来』
青蛙房　1969年

横浜貿易新報社編
『横浜開港側面史』
歴史図書社　1979年

香取国臣編
『中川嘉兵衛伝-その資料と研究-』
関東出版社　1982年

成島嘉一郎
『天然氷』
自費出版　1973年
『中川嘉兵衛伝-その資料と研究-』に収録

田口哲也
『氷の文化史』
冷凍食品新聞社　1994年

村瀬敬子
『冷たいおいしさの誕生　日本冷蔵庫100年』
論創社　2005年

紀田順一郎
『横浜　開港時代の人々』
神奈川新聞社　2009年

石附浩太郎
『かき氷屋　埜庵の12カ月』
主婦の友社　2012年

\新規導入/ \メニュー変更/ **かき氷のことならどんなことでもご相談ください！**

かき氷のトータルコーディネイター

高橋総本店　TAKASO

かき氷機販売総代理店・エスプーマ正規代理店
氷・生シロップ・専用包材・食器・冷凍庫 etc

用途・業態にあわせた機種をご提案いたします

通年展示・実演実施中

メンテナンス対応も

エスプーマ正規代理店

ガス・専用食材も販売

機械のレンタル・修理・買い取りもご相談ください。

株式会社 高橋総本店

「かき氷 for Professional を見た」で購入時サービスございます。お気軽にお問合せください。

〒111-0036 東京都台東区松が谷1-1-11（かっぱ橋道具街内）
☎ 03-3845-1111　✉ yokoso@takaso.jp

パートナー企業
Swan　池永鉄工株式会社　東邦アセチレン株式会社　エスプーマアドバンス TAver

HP　Twitter　Facebook

CHAPTER 2

かき氷の「シロップ」

味づくりの考え方とバリエーションの広げ方

ABOUT SYRUP

監修 IGCC代表(Italian Gelato & Caffè Consulting)
根岸 清
KIYOSHI NEGISHI

構成 亀高 斉

1 味づくりの考え方

かき氷の味づくりを、理論的に考えてみる

　暑い夏に、ギンギンに冷たいかき氷のおいしさは格別です。体の芯から体を冷やしてくれる清涼感のある氷菓。それが、かき氷の魅力です。同時に最近は、冬場でも人気を集めるかき氷が増えてきました。氷やシロップ（フレーバー）のクオリティーを高め、高級な氷菓としても魅力を発揮しています。

　そうした中で、今回、私の提案も含めて考察してみたいのが、かき氷のシロップです。ジェラートを始めとした様々な氷菓やフローズンドリンクの商品開発に携わってきた経験を元に、かき氷の味づくりにおける注目のポイントや、バリエーションの広げ方のアイデアをお伝えしたいと思います。

かき氷と他の氷菓との違い

　スイーツでも料理でもそうですが、味づくりについて考える時には理論的な視点も大切です。そこで、まずは「かき氷と他の氷菓との比較」から、かき氷のおいしさにはどんな特徴があり、かき氷の味づくりではどんな点が重要なのかを考えたいと思います。

かき氷のおいしさ

最初はシロップの甘さを感じる
▼
氷が溶けて甘さがすっと薄まり、キレのある味わいになる
▼
後味がすっきりとした清涼感のあるおいしさがかき氷の魅力

■ シャーベット

　フルーツなどの素材を30％〜50％と多く使用し、アイスクリームフリーザーで作る氷菓です。おいしいシャーベットの絶対条件は、なめらかな質感、口溶けの良さ、フルーツなどの素材の風味が際立っていることです。

　良い状態のシャーベットを作るには「水分と固形分のバランス」がとても重要で、その固形分のほとんどを占めるのが糖分です。

　糖分の割合によって、甘さだけでなく、氷点温度や氷結晶の大きさが変わるため、なめらかで口溶けの良いシャーベットを作るためには、糖分量が適正な範囲でなければなりません。仕上がりの質感に大きな影響を与えるのが糖分の割合で、例えば、ジェラートのシャーベットの糖分量は、材料全体の25％〜32％です。

■ フローズンドリンク

　「グラニータ」や「スラッシュ」などと呼ばれ、氷にフレーバーシロップやフルーツなどを加え、ミキサーで細かく粉砕したものをストローで飲むみぞれ状のドリンクです。かき氷の緩い状態に似ています。

　糖分は13％〜18％くらいで、シャーベットよりは甘さが控えめです。フローズンドリンクも、グラニータマシンなどで作る場合は、糖分量が仕上がりの質感に影響を与えるので重要になります。ミキサーなどで一回ごとに作る場合

はそうではありませんが、凍っている食材と凍っていない食材のバランスが大切になります。

■ かき氷

　一般的にかき氷は、水を凍らせた氷を削り、後からシロップをかけます。最初からすべての材料を混ぜて凍らせるシャーベットとは、その点で作り方の工程が大きく異なります。

　それにともない、味わいにもかき氷ならではの特徴があります。かき氷を食べると、まずシロップの甘さを感じます。次に氷が溶けて甘さがすっと薄まり、キレのある味わいになります。最初は甘さを感じても、氷が溶けることで後味がすっきりとした清涼感のあるおいしさを楽しめるのがかき氷です。

「甘さ」を数値化してみる

　かき氷の味づくりでは、こうしたかき氷のおいしさの特徴を踏まえて、「甘さ」をどれくらいに設定するのかが大切なポイントと言えます。かき氷の甘さを、「糖分量」という数値で把握することも、効果的なやり方なのではないでしょうか。

　かき氷は、シャーベットなどとは作り方の工程が違い、糖分の割合が仕上がりの質感に影響を与えるわけではありません。それでも、かき氷のおいしさは、甘さが非常に重要な要素なので、糖分量を数値化することには大きな意味があるのではないでしょうか。糖分量を数値化することで、いわゆるカンだけに頼らず、レシピを組み立てやすくなる効果も期待できます。

　甘さの感じ方は、氷とシロップをしっかりと混ぜるのか、軽く混ぜるのかでも違いますし、食べ進めるうちに氷が溶けることでさらに味は変わります。氷の削り方によっても、シロップの甘さの感じ方は違います。それらも考慮して、かき氷の甘さをどれくらいにするのかを、糖分量の数値という目に見える基準を参考にしながら検討してみてはいかがでしょうか。

糖分の割合の目安

　それでは、糖分量の数値化を、具体的に説明していきましょう。

　まず、かき氷の糖分は主にシロップに使う糖類。他に自家製フルーツシロップであればフルーツに含まれる糖分などで、それらの合計量が、1人前当たり・何gになるのかを

シロップに必要な糖分量の計算式の例

例：氷100g対してシロップを70％使用。
かき氷全体の糖分量を18％にしたい場合

氷100g×シロップ量率70％＝シロップ量70g
氷100g＋シロップ量70g＝でき上がり量170g
でき上がり量170g×想定した糖分量18％＝
かき氷全体に必要な糖分量30.6g

▼

シロップに必要な糖分量は、
かき氷全体に必要な糖分量30.6g÷シロップの量70g＝43％

▼

シロップに必要な糖分量は43％になります
（シロップ100gに対して43g）

計算するのが、糖分量を数値化するということです。

　この数値が、どれくらいの甘さにしたいのかによって変わってくるわけですが、かき氷における適正な糖分の割合は、氷（水）とシロップの総重量に対して、おおむね13％〜20％くらいの範囲になるかと思います。後で私が提案するかき氷のレシピは糖分量を約18％（1人前当たり・約90g／氷とシロップの総重量が510g）にしました。

シロップの使用量の目安

　一方、使用するシロップの量は、まず常温なのか、冷蔵なのかで氷の溶かし具合が変わってきます。常温であれば氷を溶かす力が強くなるので、使用するシロップの量は少なくなります。

　冷蔵で使う場合、氷100に対して50％〜70％くらいの分量が、シロップの使用量の目安になるのではないかと思います。後で提案するレシピは、氷300gに対してシロップは210g（ミキサーにかけない固形のフルーツも含む）。シロップの使用量を70％に設定しました。

　そして、糖分の割合とシロップの量を設定すると、シロップに必要な糖分量を計算することができます。上に紹介したのが、その計算例です。この計算で算出したシロップに必要な糖分量を元に、自家製フルーツシロップを作る際のフルーツ類と砂糖の配合量の計算例も23Pに紹介したので、そちらもご参照ください。

かき氷の重要な素材、「砂糖」について

かき氷のおいしさは、「甘さ」が大きな要素を占め、その甘さのほとんどが砂糖によるものです。かき氷の味づくりおいては、「砂糖」が重要な素材と言えるでしょう。砂糖と一口に言っても、色々な種類があるので、その基本的な知識についても触れておきたいと思います。

今の時代は、様々な種類の糖類を入手できるようになりました。では、それぞれの糖類でどんな違いがあるのかというと、感じる甘さの強さや、持続感（キレ）に差があります。この点を踏まえて、それぞれの糖類の比較をしてみると良いでしょう。

私たちが普段使用しているグラニュー糖や上白糖は、サトウキビやビート（砂糖大根）から作られます。その他には炭水化物（デンプン）を酸や酵素で加水分解すると砂糖ができます。その組み合わせを変化させることで、ブドウ糖、果糖、水あめ、トレハロースなど、色々な糖に変化します。

植物が成長するのに根から水分や養分を吸い上げ、葉から二酸化炭素や太陽光を浴び、"光合成"で作られるのが糖です。この糖を栄養分として茎にため込む植物がサトウキビで、根にため込むのがビートです。他にカエデは幹に糖をため込みます。このようにして作られた糖を「ショ糖」と呼びます。

粉砕圧縮して、しぼり出した水分を煮出して乾燥させたものが、ミネラルタップリの黒糖。そのミネラル分を取り除いてできたのがグラニュー糖です。グラニュー糖は世界的に広く使われており、糖類の甘さの強さやキレの基準になります。その他にはカエデの樹木から採取されるメープルシロップや、竹糖から作られる和三盆があります。和三盆は、上質な糖として有名です。

このように様々な糖類がありますが、かき氷に使用する砂糖は、基本的にはグラニュー糖で良いと思います。純度が高く、甘みの質もよいグラニュー糖は、かき氷のシロップにも適しています。そして、グラニュー糖に黒糖をブレンドして風味に変化をつけたり、値段は高くても和三盆を使ってより上質な味わいを追及するといった工夫なども研究の余地がありそうです。

自家製フルーツシロップの魅力と注意点

いわゆる「昔のかき氷」に使われてきた透明感のある色のついたシロップは、果汁が入っていないタイプが主流でした。水や砂糖、クエン酸、香料、着色料などで作られたシロップです。しかし、今はフルーツの果汁を使ったシロップが広く販売されるようになり、かき氷のクオリティーが高まっています。そうした中で、より本格的なおいしさをアピールできるのが、自家製フルーツシロップです。

自家製フルーツシロップの魅力は、何と言ってもフルーツそのものの味わいを生かしたおいしさです。そのナチュラルなおいしさは、多くの人を引きつけます。

シロップにする場合はミキサーにかけますが、カットしたフルーツも合わせてトッピングすれば、見た目にもかき氷のプレミアム感が高まります。旬のフルーツを使うことで季節感も伝えることができ、地元の名産フルーツを使えば地産地消も魅力になります。自家製フルーツシロップは、かき氷の商品価値を高める上で大きな可能性を秘めていると言えるでしょう。

日持ちの課題などをよく検討する

ただし、自家製フルーツシロップに取り組む場合には注意点もあります。

まず、素材がフルーツなので日持ちがしません。シロップは糖類を加えるので傷みにくくはなりますが、それでもこまめに作って、その日中か遅くとも翌日には使い切るような感じで回転させないと、劣化したものをお客様に提供

フルーツは、基本的には生で使った方がフレッシュ感を出せるが、中には火入れが適しているものもある。例えば、ブルーベリーは、レモン果汁を加えて火入れすることで鮮やかな色になる。

提案したフルーツシロップには、レモン果汁を加えている。レモン果汁の酸味をプラスすることで、食べた時に"フルーツ感"をより感じてもらいやすい。

してしまうことになるので要注意です。その点で言えば、冷凍保存するのも一つの手だと思いますが、冷凍するとフルーツのフレッシュ感は損なわれます。

作り立てのフレッシュ感にこだわってこまめに作るのか。効率性を考えて冷凍保存にするのか。自店の調理オペレーション能力では何種類くらいの自家製フルーツシロップが可能なのか。そのあたりを、よく検討してから、自家製フルーツシロップに取り組むことが大切だと思います。

フルーツの「熟度」なども大切

そして、フルーツは「熟度」によって味わいが変わります。よりおいしく熟した状態の時に使うというプロの目を養っていくことも大切です。さらに、フルーツは「生」だけでなく、「冷凍」や「ピューレ」もあります。最近は冷凍やピューレのフルーツの品質も向上しているので、場合によってはそれらを活用する方法もあることを知っておいて損はないでしょう。

また、下に紹介したのは、シロップに必要な糖分量を元に(21P参照)、自家製フルーツシロップを作る際のフルーツ類と砂糖の配合量を算出するための計算例です。この計算例に数字を当てはめれば、シロップに使うフルーツ類と砂糖の使用量を算出することができます。

尚、フルーツの糖度(糖分)は、右の表のようにフルーツごとに違います。自家製フルーツシロップに取り組む場合は、基本知識の一つとして知っておいた方が良いでしょう。ただ、計算式でフルーツごとの糖度を当てはめると計算がかなり複雑になります。この計算式では、飛び抜けて糖度が高いバナナなどを除いては、フルーツの糖分を一律10%で計算して問題ないと思います。

生のフルーツを使用する場合は、フルーツのかたい繊維などが残っていると"異物混入"と勘違いされることもあるので注意。繊維がかたいパイナップルなどを撹拌する場合は、ミキサーを高速にして、繊維を断ち切るようにする。また、キウイフルーツは、上の写真のような小さな芯がある。下処理でこうした部分もしっかりと取り除いておきたい。

フルーツの糖度(糖分)の例

※数値は目安の一つで、必ずこの数値に該当するとは限りません。

フルーツ	糖度
イチゴ	8〜9%
レモン	8〜9%
スイカ	9〜12%
グレープフルーツ	10〜11%
バレンシアオレンジ	10〜12%
ブルーベリー	11〜13%
温州みかん	11〜14%
パイナップル	13%
メロン	11〜14%
キウイフルーツ	13〜16%
リンゴ	14%
マンゴー	17%
バナナ	22%

自家製フルーツシロップを作る際のフルーツとグラニュー糖の配合量の計算例

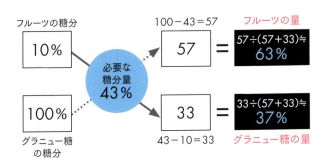

コンポートタイプシロップの配合量の計算例

※コンポートは煮ることで水分が蒸発して糖度が5%程度高くなるため(水を加えない場合)、糖分の設定を5%下げて配合量を計算します。

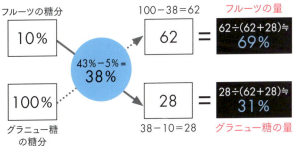

2 バリエーションの広げ方

ヨーグルトシロップ×フルーツの新提案

「かき氷のプレミアム化」にともない、かき氷のバリエーションは広がっています。バリエーションの広げ方には、いろいろな考え方やアイデアがありますが、今回提案するのは「ヨーグルトシロップ」を使ったかき氷です。

なぜ、ヨーグルトなのか？一番の大きな理由は、ヨーグルトとフルーツはとても相性が良いからです。ヨーグルトシロップとフルーツシロップを一緒に使うことで、フルーツのおいしさが一層引き立ち、ヨーグルトの酸味がかき氷の清涼感もアップしてくれます。さらに、ヨーグルトは健康効果が広く知られています。「体にいい」というイメージも、かき氷の商品価値を高めることにつながるのではないでしょうか。

フルーツシロップは、すでにお店にあるものを使えば効率的にバリエーションを広げることもできますし、ヨーグルトのテイストに合うものを新たに開発してみるのも良いでしょう。提案したフルーツシロップは、ヨーグルトシロップとより相性のよいものを選びました。ミキサーで作ったシロップにカットしたフルーツも合わせて、見た目にもフルーツ感が伝わるようにしました。尚、フルーツシロップのレシピは、21Pと23Pで紹介した計算例の数値を元に、フルーツ類とグラニュー糖のそれぞれの使用量を決めています。

また、仕上げには「サワークリームソース」をかけました。サワークリームの酸味を生かしながら、生クリームも合わせてマイルドな味わいに仕上げたソースです。ヨーグルトシロップも、サワークリームソースも、提案したレシピは一例なので、使用する材料や分量を工夫して好みの味わいに仕上げていただければと思います。

ヨーグルトシロップに使うヨーグルトは、市販されている商品の中から好みのものを選べばOK。ヨーグルトの健康効果をアピールすることもできる。

提案するヨーグルトシロップ×フルーツシロップのかき氷はすべて、氷を削って器に盛る→半量のヨーグルトシロップとフルーツシロップを回しかける（1・2）→さらに氷を削り、残りのヨーグルトシロップとフルーツシロップをかけ、フルーツの見ばえを整える（3・4・5）→仕上げにサワークリームソースをかける（6）という手順で作る。

ヨーグルトベリーミックス

爽やかなヨーグルトテイストとフレッシュフルーツはとても相性がよく、中でもイチゴを始めとした
ベリー類はベストマッチング。イチゴは生のまま使いますが、ブルーベリーなどは
煮ることで色も鮮やかになることから火入れしてからシロップにします。

材料

氷…300g
※ヨーグルトシロップ…150g（糖分・約43％）
※ベリーミックスシロップ…60g（糖分・約43％）
※サワークリームソース　20g
※のレシピはP26に掲載

糖分・約18％

作り方

❶氷の半量（150g）を削って器に盛る。

❷ヨーグルトシロップの半量（75g）を回しかける。

❸ベリーミックスシロップの半量（30g）を回しかける。

❹残りの氷（150g）を削って、上に盛る。

❺残りのヨーグルトシロップ（75g）を回しかける。

❻残りのベリーミックスシロップ（30g）を回しかける。

❼サワークリームソースをかける。

※ヨーグルトシロップ

材料
市販のヨーグルト…112g
※今回使用したのは「明治プロビオヨーグルト R-1 ドリンクタイプ」（糖類13.3g）
グラニュー糖…62g
合計　174g（糖分43％）

作り方
すべての材料をミキサーで混ぜる。

ヨーグルトシロップの参考レシピ

材料
フローズンヨーグルトミックス（糖分75％）…100g
無脂肪牛乳…100g
プレーンヨーグルト（無脂肪）…45g
グラニュー糖…55g
合計　300g（糖分43％）

作り方
すべての材料をミキサーで混ぜる。

「フローズンヨーグルトミックス」は、粉末状のもので、使う量を増やせばヨーグルト風味を増すことができる。好みの風味にしたい時に便利。

※ベリーミックスシロップ

材料
イチゴ…100g
ラズベリー…80g
ブルーベリー…80g
オレンジ果汁…45g
レモン果汁…10g
グラニュー糖…185g
合計　500g（糖分・約43％）

作り方
❶ラズベリーとブルーベリーの半量（各40g）とオレンジ果汁、レモン果汁、グラニュー糖をミキサーでピューレ状にし（a・b）、鍋で煮る。煮立ったら弱火にして2〜3分煮て火を止め、冷やす。
❷苺を1／4〜1／8の大きさにカットしたものと、残りのラズベリーとブルーベリーを、❶の冷したピューレに加えて混ぜる（c・d）。

※サワークリームソース

材料
サワークリーム…100g
生クリーム…100g
グラニュー糖…20g
合計　220g

作り方
まずサワークリームとグラニュー糖をよく混ぜ合わせてから生クリームを加え、6分立てにする（e・f）。

ヨーグルトキバナス

イタリアで人気のあるフルーツの組み合わせ「キバナス」(キウイフルーツ、バナナ、パイナップル)をかき氷のシロップにしました。緑のキウイフルーツと、黄色のパイナップルとバナナが可愛らしい見た目も演出してくれます。

材料

氷…300g	
ヨーグルトシロップ…150g (糖分・約43%)	糖分・約18%
※キバナスシロップ…60g (糖分・約43%)	
サワークリームソース…20g	

作り方

「ヨーグルトベリーミックス」(25P)と同様に、削った氷と2種類のシロップを交互に盛り付けて仕上げにサワークリームソースをかける。

※キバナスシロップ

材料

キウイフルーツ…100g	
パイナップル…100g	
バナナ…90g	
オレンジ果汁…35g	
レモン果汁…10g	
グラニュー糖…165g	
合計　500g(糖分・約43%)	

※バナナなどの糖度が高いため、グラニュー糖を減らしています。

作り方

❶ パイナップルの半量(50g)をミキサーにかける。ミキサーは高速にしてパイナップルの繊維を断ち切るようにする。

❷ ❶にキウイフルーツの半量(50g)、オレンジ果汁、レモン果汁、グラニュー糖を加え、さらにミキサーで撹拌する(a・b)。その際、ミキサーは断続運転にし、キウイフルーツの種を潰さないように注意。撹拌したらボールに移す。

❸ バナナは輪切りにし、残りのパイナップルとキウイフルーツは適度な大きさにカットし、❷に加えて混ぜる(c・d)。

「ヨーグルトシロップ」を使ったかき氷の参考レシピ

オレンジ＆グレープフルーツヨーグルト

オレンジとグレープフルーツの爽やかな酸味とほのかな苦みも、ヨーグルトシロップと好相性です。

材料

- 氷…300g
- ヨーグルトシロップ…150g（糖分・約43％）
- ※オレンジ＆グレープフルーツシロップ…60g（糖分・約43％）
- サワークリームソース…20g

糖分・約18％

作り方

「ヨーグルトベリーミックス」（25P）と同様に、削った氷と2種類のシロップを交互に盛り付けて仕上げにサワークリームソースをかける。

※オレンジ＆グレープフルーツシロップ

材料

- オレンジ果肉…120g
- オレンジ果汁…55g
- グレープフルーツルビー果肉…130g
- レモン果汁…10g
- グラニュー糖…185g
- 合計　500g（糖分・約43％）

作り方

❶オレンジ果汁、レモン果汁、グラニュー糖をよく混ぜ合わせる。
❷❶に適度な大きさにカットしたオレンジとグレープフルーツルビーの果肉を加えて混ぜる。

金柑ヨーグルト

金柑は宮崎や鹿児島で生産され、皮ごと食べておいしい柑橘類。煮るひと手間をかけて金柑シロップを作れば、和のフルーツを使った魅力的なかき氷になります。

材料

- 氷…300g
- ヨーグルトシロップ…150g（糖分・約43％）
- ※金柑シロップ…60g（糖分・約43％）
- サワークリームソース…20g

糖分・約18％

作り方

「ヨーグルトベリーミックス」（25P）と同様に、削った氷と2種類のシロップを交互に盛り付けて仕上げにサワークリームソースをかける。

※金柑シロップ

材料

- 金柑…310g
- レモン果汁…30g
- グラニュー糖…160g
- 水…200g（煮詰めて蒸発）
- 仕上がり500g（糖分・約43％）

※金柑は糖度が高いため（約17％）、グラニュー糖を減らしています。

作り方

❶金柑は皮ごと使用。横半分に切って、種を取り除いておく（a）。
❷鍋に❶の金柑と水を入れ、柔らかくなるまで煮る（b）。煮ている間、アクをこまめに取る。
❸❷が柔らかくなってきたらグラニュー糖を入れ（c）、レモン果汁も加え、アクをこまめに取りながら（d）、つやが出るまでさらに煮る。

PROFILE
根岸 清
KIYOSHI NEGISHI

本場のジェラートやエスプレッソを完全修得したエキスパート。日本に本場のジェラートと正統派のエスプレッソを普及させる原動力となったエキスパートの草分けで、現在も数多くのセミナー・指導を行なっている。1952年東京生まれ。駒澤大学卒業後、ティー・ケー・サプライズ㈱（現・㈱エフ・エム・アイ）に入社。日本バリスタ協会（JBA）理事・認定委員、日本スペシャルティーコーヒー協会（SCAJ）バリスタ委員などを兼務しながら、日本ジェラート協会（AGG）グランドマイスターとしてジェラートの指導を長年行ない、2015年6月にIGCC（Italian Gelato&Caffé Consulting／個人事業主）として独立。

CHAPTER 3

人気店のかき氷レシピ

RECIPES

adito
Café Lumière
komae cafe
BWカフェ
Dolchemente
吾妻茶寮
あんどりゅ。
kotikaze
六花

※各店のShop Dataは96ページを参照

01 adito
アヂト

こおり甘酒牛乳

売価
900円

昔ながらの食材で健康によく、老若男女に親しまれる味わいに仕上げた定番の一品。
適度なとろみのある甘酒や、トンカ豆で香りづけした練乳を使って差別化。
大きな食材や重すぎるシロップを避け、食後もおいしく食べられるかき氷を目指した。

● トンカ豆薫る練乳シロップの作り方

1. 鍋に牛乳、練乳、塩を入れる。塩を入れると味が締まり、舌触りがべたっとするのを防げる。練乳に甘味がついているため、砂糖は加えずに作る。

2. さらにトンカ豆を加える。1粒でアーモンドや杏仁に似た、よい香りをつけることができる。

3. 中火にかけ、焦げないように混ぜながら煮詰める。とろみがついたら火を止め、粗熱をとってからトンカ豆を取り出す。

● はちみつ生姜シロップの作り方
皮付き生姜を洗って薄くスライスし、はちみつとともに鍋に入れて生姜が透明になるまで煮詰め、布で漉す。

● 薬膳生姜ヂャムの作り方
皮付き生姜を洗ってフードプロセッサーで粗みじんにし、その他の材料とともに鍋に入れて、水分がとぶまで煮詰める。

● 盛りつけ

1. 器の底に薬膳生姜ヂャムを敷く。

2. 上から氷を山盛りに削る。粉雪が降る様子をイメージし、ふわっと削る。

3. 氷全体にトンカ豆薫る練乳シロップとはちみつ生姜シロップを順にかける。

4. 再び氷を山盛りに削って練乳シロップをかけ、さらに氷を削る。

5. 練乳シロップとはちみつ生姜シロップを順にまんべんなくかける。

6. 最後に濃縮甘酒をかけ、米パフをふって仕上げる。濃縮甘酒と練乳シロップを別添えにする。

● 材料

● トンカ豆薫る練乳シロップ（作りやすい量）

練乳	1000mℓ
牛乳	1000mℓ
塩	少々
トンカ豆	1個

● はちみつ生姜シロップ（作りやすい量）

生姜	600g
はちみつ（アカシア）	適量

● 薬膳生姜ヂャム（作りやすい量）

生姜	600g
グラニュー糖	適量
カソナード	適量
はちみつ	適量
香辛料（シナモン、カルダモン、ナツメグ、チリパウダーなど）	適量
クコの実	適量
氷	適量
濃縮甘酒	適量
米パフ	適量

かき氷機

池永鉄工の『SWIN cygne（シグネ）』を使用。スタイリッシュなデザインとふわふわの氷が削れることが決め手になって選んだ。

安納芋カキ氷

売価 950円

クリーミーでこっくりとした味わいが好まれる秋冬のみ提供。
なめらかで甘味の強い安納芋を使い、芋の風味を活かしたシロップをかける。
大学芋をイメージし、みたらしダレ風のキャラメルシロップと黒ごまを組み合わせた。

安納芋ペーストシロップの作り方

1. 安納芋をやわらかく茹でて皮をむき、牛乳とともにフードプロセッサーにかけてなめらかな状態にする。

2. 続いて練乳、きび砂糖、塩、を順に入れ、その都度フードプロセッサーで混ぜる。ムラなくなめらかなペースト状になればOK。

3. 鍋に移し、混ぜながらとろみがつくまで煮詰める。冷めると水分がとぶので、やや柔らかめに仕上げるのがポイント。安納芋の水分量により、水や牛乳で濃度を調節する。

盛りつけ

1. 器の高さまで氷を削り、トンカ豆薫る練乳シロップを回しかける。

2. 続いて中央に安納芋ペーストシロップをかける。

3. さらに、さいの目に切った塩羊羹をちらし、味わいと食感にアクセントを添える。

4. 再び氷を削って練乳シロップをかける工程を2回くり返す。

5. 上から安納芋ペーストシロップをとろりとかける。

6. 全体にみたらしキャラメルシロップをかけ、天にごま塩をふって仕上げる。安納芋ペーストシロップとトンカ豆薫る練乳シロップを別添えにする。

材料

●安納芋ペーストシロップ（作りやすい量）

安納芋	300g
牛乳	200g〜
練乳	60g
きび砂糖	45g
塩	適量
水	100g〜

●みたらしキャラメルシロップ（作りやすい量）

グラニュー糖	270g
水	大さじ3
無塩バター	150g
35％生クリーム	300ml
醤油	大さじ1
バニラエッセンス	適量

氷	適量
トンカ豆薫る練乳シロップ（作り方はp31を参照）	適量
塩羊羹	適量
ごま塩	適量

みたらしキャラメルシロップの作り方

鍋にグラニュー糖と水を入れてキャラメル色になるまで煮詰め、バターと生クリームを加えてとろみがつくまでさらに煮詰める。火を止め、醤油とバニラエッセンスを加えて混ぜる。

いばらキッス苺カキ氷

売価 1100 円

茨城県のいちご品種「いばらキッス」を使い、本物のいちご味を追求したかき氷。
非加熱で高糖度や色鮮やかさを活かした「生苺とろみシロップ」をメインに、
ジャムシロップや生の果実を盛り込んでいちごづくしに。冬場限定商品。

生苺とろみシロップの作り方

1. ボウルにいちごとグラニュー糖を入れ、いちごの水分が出てくるまで置く。写真は2日間ほど置いた状態。いちごの甘味を活かすため、クリアな甘さのグラニュー糖を使う。

2. 1を水分ごとミキサーにかける。写真のように固形分がなくなる状態までつぶす。

3. ボウルに移し、ジェルエスペッサを加えて混ぜ、軽くとろみをつける。加熱せずに作ることで、いちごの風味や色味が活かせる。

盛りつけ

1. 器に氷を山盛りに削り、全体にトンカ豆薫る練乳シロップをかけ、刻んだ生のいちごをのせる。

2. いちごを覆うように練乳生クリィムをかける。氷の間にかけることで食感が変わり、飽きずにおいしく食べられる。

3. 再び氷を山盛りに削り、全体に練乳シロップを回しかける。

4. 再び氷を削り、トップから生苺とろみシロップをたっぷりとかける。

5. 苺ヂャムシロップをかける。ヂャムシロップをかけることで甘さを補う。

6. 最後にもう一度練乳シロップをかけ、砕いたメレンゲをふる。トンカ豆薫る練乳シロップを別添えにする。
※別注文で「バルサミックス」を添えることもできる

材料

●生苺とろみシロップ（作りやすい量）
いちご（いばらキッス）…500g
グラニュー糖…100g～
ジェルエスペッサ（増粘剤）…適量

●苺ヂャムシロップ（作りやすい量）
いちご（いばらキッス）…500g
グラニュー糖…100g～
白ワインビネガー…適量

●練乳生クリィム（作りやすい量）
35％生クリーム…50g
練乳…40g

●メレンゲ（作りやすい量）
卵白…2個分
塩…ひとつまみ
グラニュー糖…120g
レモン汁…小さじ1/2
コーンスターチ…小さじ1
杏仁霜…12g
アーモンドエッセンス…5ふり

氷…適量
トンカ豆薫る練乳シロップ
（作り方はp31を参照）…適量
いちご（いばらキッス）…適量

苺ヂャムシロップの作り方
鍋にいちごとグラニュー糖を入れて水分が出るまで置き、火にかけてワインビネガーを入れて煮詰める。

練乳生クリィムの作り方
生クリームを6分立てにし、練乳を加えて混ぜ込みながら8分立てにする。

メレンゲの作り方
ボウルに卵白と塩を入れてほぐし、レモン汁とグラニュー糖を少しずつ加えて泡立て、硬いメレンゲを作る。ここにふるったコーンスターチと杏仁霜を入れて混ぜ、アーモンドエッセンスも加える。天板に薄く広げて100℃のオーブンで数時間乾燥焼きする。

CHAPTER3 人気店のかき氷レシピ

大人限定檸檬カキ氷

売価 1000円

カクテル「ミント・ジュレップ」をヒントに、ミントをしそに置き換えて和風にアレンジ。
大人味の食材で組み立て、爽やかで甘酸っぱいかき氷に仕上げた。
酸っぱさが苦手な人のため、練乳や生クリームを隠し味に使う工夫も。夏の夜限定商品。

レモンソースの作り方

①鍋にグラニュー糖と絞ったレモン汁、レモンコンサントレを入れる。

②続いてカソナードと練乳を入れる。カソナードでコクのある甘さを出す。

③鍋を中火にかけ、砂糖をなじませるように混ぜながら煮溶かす。火を止め、粗熱がとれたら刻んだレモンピールを混ぜる。

盛りつけ

①器に氷を削り、トンカ豆薫る練乳シロップを回しかけ、中央にレモンクリィムをかける。

②再び氷を山盛りに削り、練乳シロップをまんべんなくかける。

③さらに赤紫蘇シロップを全体にかける。甘酸っぱい味わいと鮮やかな赤色を添えてくれる。

④再び氷を山盛りに削り、レモンシロップを回しかける。ラム酒がきいたシロップで大人味に。

⑤トップにレモンソースをとろりとかける。ソースはコンサントレでレモン風味を強調させ、隠し味の練乳でミルキー感をプラス。

⑥仕上げにパールジュガーと穂じそを飾る。ラムレモン赤紫蘇シロップとトンカ豆薫る練乳シロップを添える。

材料

●レモンソース(作りやすい量)

レモン汁…100g
レモンコンサントレ…50g
グラニュー糖…300g
カソナード…20g
練乳…50g
レモンピール…適量

●レモンクリィム(作りやすい量)

35％生クリーム…50g
グラニュー糖…40g
ホワイト・ラム(バカルディ)…15g
レモンコンサントレ…20g

●赤紫蘇シロップ

赤しそ…適量
水…適量
グラニュー糖…適量
りんご酢…適量

●レモンシロップ(作りやすい量)

レモン汁…100g
グラニュー糖…150g
レモンコンサントレ…2g
水…50g
ホワイト・ラム(バカルディ)…40g
大葉…2枚

氷…適量
穂じそ、パールシュガー…適量
トンカ豆薫る練乳シロップ
(作り方はp31を参照)…適量
ラムレモン赤紫蘇シロップ★…適量
　★赤紫蘇シロップ、レモンシロップ、ホワイト・ラムを同量ずつ混ぜたもの

レモンクリィムの作り方
生クリームにグラニュー糖を入れて6分立てにし、ラム酒とコンサントレを混ぜ込みながら緩めのクリームに仕上げる。

赤紫蘇シロップの作り方
鍋に水を沸騰させ、洗った赤しそを入れて煮出し、ザルで漉す。この赤しそ液とグラニュー糖を鍋に入れて煮溶かし、りんご酢を加えて混ぜる。

レモンシロップの作り方
鍋にレモン汁、グラニュー糖、コンサントレ、水を入れて煮溶かし、粗熱がとれたらラム酒と洗った大葉を入れてそのまま冷ます。

※価格はすべて税込

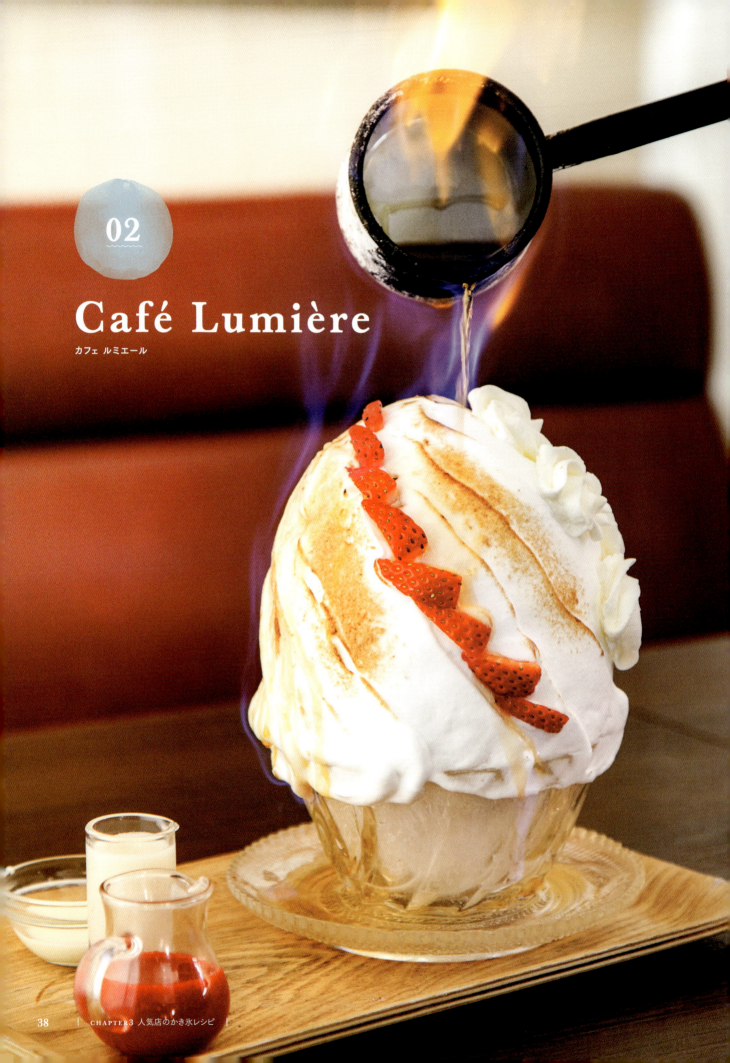

白いチョコレートとフランボワーズの焼き氷

売価 1370円

大人気となっている看板メニュー「燃える焼き氷」。固さと気泡の安定しているイタリアンメレンゲを使うことで、フランベしても氷を溶かさず提供することに成功。仕込みはもとより、オーダーを受けてからの作業には、手間と時間はかかるが、唯一無二のオリジナルメニューに。

イタリアンメレンゲの作り方

1. 鍋に分量の水、砂糖の順で入れて焦がさないように溶かし、118℃まで煮詰める。ミキサーに卵白と残りの砂糖を加え泡立てる。6分立てにしたところに、118℃のシロップをボールの端から少しずつ流し入れる。

2. シロップが冷めるまで、しっかり混ぜ合わせる。通常のメレンゲよりも気泡が細かく、艶があり、固さも安定した仕上がり。

ラズベリーソースの作り方

ラズベリーと自家製いちごシロップを容器に入れ、ブレンダーで攪拌する。口触りをよくするため、裏漉しする。

材料

● イタリアンメレンゲ（作りやすい分量）
シロップ…25g
（グラニュー糖130g＋水50g）
卵白…165g

● ラズベリーソース（作りやすい分量）
ラズベリー（冷凍）…80g
自家製いちごシロップ…100g

氷…適量
自家製練乳ソース…60g
クッキー（シュトロイゼル）…適量
キャラメルソース…10g
クレームシャンティ…30g
カスタードシロップ…15g
ブルーベリー…7、8粒
ホワイトチョコレートムース…20g
ホワイトチョコレートソース…15g
いちご…1個
バタークリーム（口金で絞り出し凍らせたもの）…適量
ラム酒…10ml

盛りつけ

1. 深めの器に氷を軽く山高に削り、軽く手で押さえ固める。自家製練乳ソース、ラズベリーソースをたっぷりかける。

2. クッキーをのせ、キャラメルソースを隠し味にかけ、シャンティをのせ、カスタードシロップをかける。

3. ブルーベリーをのせ、上からホワイトチョコレートムースをアイスクリームディッシャー1杯分のせる。

4. 器のまわりから覆うように氷を山高に削っていく。軽く手で押さえ固め、自家製練乳ソース、ラズベリーソース、ホワイトチョコレートソースをかける。

5. さらに少し粗めの氷を削り、軽く手で押さえホワイトチョコレートソースを全体に回しかける。イタリアンメレンゲをたっぷりのせ、バターナイフで斜めのラインを作るように全体に塗り伸ばす。

6. いちごは8等分にし、らせん状のラインに沿って盛りつけ、バーナーで炙って焼き目をつけ、バタークリームを飾る。提供時にラム酒を沸騰させ、火が点いたものを上から静かにかける。

Special order

事前注文（要予約）があれば、かき氷にバースデープレートなどをつけることも提案。追加料金600円。

ショコラパルフェ

売価 1100円

かき氷ファン待望のバレンタイン限定メニュー。かき氷との組み合わせが難しいチョコレートは、味やテクスチャーの違うものが3種類も使われている。食べ終わりには、ラズベリームースのさっぱりとした味わいで締める。チョコレート好きにはたまらない至極の1品。

ラズベリームースの作り方

ラズベリーピューレとグラニュー糖を小鍋に入れ、軽く沸騰させてグラニュー糖を溶かす。小鍋を火から外し、水でふやかしたゼラチンを入れて溶けるまで混ぜ、氷で鍋を冷やす。生クリームを7分立てにする。ボウルにラズベリーピューレを入れ、生クリームを3回にくらいに分けて加え、混ぜ合わせる。

材料

●ラズベリームース(作りやすい分量)
- ラズベリーピューレ…250g
- グラニュー糖…36g
- 生クリーム(七分立て)…360g
- 粉ゼラチン…8g

●チョコレートシロップ(作りやすい分量)
- チョコレートペースト…36g
- 牛乳…75g
- グラニュー糖…40g
- ココアパウダー…20g

●特製チョコレートソース(作りやすい分量)
- ビターチョコレート…適量
- 牛乳…適量
- グラニュー糖…適量
- ココアパウダー…適量

- 氷…適量
- クレームシャンティ(八分立て)…100g
- 自家製練乳ソース…50g＋20g
- クッキー(シュトロイゼル)…適量
- キャラメルソース…10g
- いちご…2個
- チョコレートクリーム…70g
- ラズベリー(冷凍)…2個
- トリュフチョコレート…適量
- 金粉…少々

盛りつけ

1. 冷やしておいた容器に、ラズベリームースをアイスクリームディッシャー1杯分入れて少し平らにし、クレームシャンティを大さじ1杯分かけて再び少し平らにならす。

2. チョコレートシロップをかける(側面から見て軽く3色が見えるようにする)。氷を軽く山高に削り、軽く手で押さえる。

3. 自家製練乳ソース、チョコレートシロップを上からかける。さらに中央にクッキー、隠し味のキャラメルソースを少々かける。

4. クレームシャンティ、1cm角に切ったいちご1個分を順にのせる。氷を細かめにたっぷりと隙間ができないように(クリームの重さに耐えられるよう)山高に削り、再び軽く手で押さえる。

5. 自家製練乳ソース、チョコシロップをかけ、さらに氷を削りかけて軽く固め、もう一度、自家製練乳ソースをかける。

6. チョコレートクリームをたっぷりと中央にのせるバターナイフを上下に動かし、全体を覆うように塗り伸ばす。

6. 最後に特製チョコレートソースでコーティングし、残りのいちごを8等分にして飾り、トリュフチョコレート、ラズベリー、金粉を飾る。

信玄氷

売価 *850* 円

インパクトのあるとろけ具合の信玄餅と、沖縄は八重山産の純黒糖を使った自家製の黒蜜は、老若男女問わず支持される組み合わせ。より深く焙煎されたきな粉で香ばしさを生み、少量のあんこで味に深みを持たせた。夏の大人気商品。

黒蜜の作り方

① 黒糖は耐熱容器に入れてラップをかけ、700wの電子レンジに1分半かける。鍋に移して軽くつぶす。

② シロップ、水を入れて中火にかける。沸騰してきたら、強火にして一気に加熱して軽くとろみをつける。同店では八重山産の純黒糖を使用。

信玄餅の作り方

鍋に白玉粉、フルーツシュガーを混ぜ合わせ、水を少しずつ加えて火を点け、弱めの中火で練り混ぜる。水を多めにして練り上げることで長いのびを作る。砂糖はフルーツシュガーを使うことで風味を持たせ、少ない使用料でも甘みを引き立てる。

材料

●黒蜜(作りやすい分量)

黒糖…250g
シロップ…250g
水…150g

●信玄餅(作りやすい分量)

白玉粉…120g
フルーツシュガー…100g
水…650g

氷…適量
あんこ…40g
きなこ(深煎り)…少々

盛りつけ

① 細かめの氷を、器から広がるように回しながら山盛りに削り、軽く手で固める。

② 氷の中央に黒蜜をたっぷりとかけ、信玄餅をアイスクリームディッシャー1杯分のせ、あんこを大さじ1杯分のせる。

③ 再び氷を山盛りに削り、軽く手で押さえ固める。

④ 黒蜜がまだらにならないよう、細かく全体に回しかける。

⑤ 信玄餅アイスクリームディッシャー1杯分を中央からかけ、あんこをのせ、きなこをふりかける。

Point

サトウキビ100%で作る純黒糖は、塊が大きいものも多く、固いため電子レンジで軽く温めると、柔らかくなり調理しやすくなる。

44　| CHAPTER3 人気店のかき氷レシピ |

バナナティラミス

売価 950円

オーダーが入るごとに作るバナナシロップは、水あめ、黒糖、甜菜糖の3種で作られた自家製シロップを使用。濃厚でクリーミィーなマスカルポーネと、バナナシロップにカカオの苦みを加えた相性のよい組み合わせは、同店で季節を問わず人気の定番メニュー！

バナナシロップの作り方

バナナは1cm幅に切ってブレンダーに入れる。冷やしておいた自家製シロップと生クリームを加え、とろみが出るまで攪拌する。

マスカルポーネクリームソースの作り方

ボウルにマスカルポーネクリーム入れ、生クリームを少しずつ加えて混ぜ合わせる。なじんだら泡だて器で混ぜ合わせ、6分立てにする。

材料

● バナナシロップ（作りやすい量）

バナナ…80g

自家製シロップ…80g

生クリーム…20g

● マスカルポーネクリームソース（作りやすい分量）

マスカルポーネ…250g

生クリーム…200g

グラニュー糖…40g

氷…適量

バナナ…1本

自家製練乳ソース…50g

クッキー（シュトロイゼル）…適量

ココアパウダー…適量

カソナード…少々

盛りつけ

1. 氷は、器の中に隙間ができないよう、盛高に削っていく。氷を軽く手で押さえ固める。バナナは半分を1cm幅のいちょう切り、残りは1cm幅の半月切りにする。

2. たっぷりと自家製練乳ソースを回しかけ、バナナシロップを中央に注ぎかける。クッキー、マスカルポーネクリームの順に大さじ1杯ずつのせる。

3. いちょう切りしたバナナをのせ、ココアパウダーをふりかける。さらに氷を細かめに削って山高にのせ、再び軽く手で押さえ固める。

4. 自家製練乳ソースを全体にたっぷり回しかけ、バナナシロップは上から流れ落ちるように回しかける。

5. さらにマスカルポーネクリームソースを中央にたっぷりと流しのせ、ココアパウダーをふりかける。

6. 半月切りにしたバナナにカソナードをかけ、バーナーで炙って焦げ目をつけて、仕上げに飾る。

Point

氷は、最低でも使用する2時間前には冷凍庫から出しておく。薄くふわふわした氷を削るためには、氷の表面が-5℃になるのが理想。

※価格はすべて税込

03
komae cafe
コマエカフェ

黒蜜きな粉

売価 **800**円

自家製の黒蜜ときな粉をかけた、素材の味が楽しめるかき氷。
種子島産黒糖と天然氷を解かした水で作る黒蜜は、みずみずしくすっきりとした甘さが特長。
作りたてのきな粉も大豆が豊かに香り、贅沢感を醸し出す。

黒蜜の作り方

1. 鍋に黒糖と解氷水を入れて火にかけ、焦げないよう時々混ぜながら沸騰させる。同店ではさとうきびだけで丁寧に作られた、種子島産の黒糖を使用している。

2. 沸騰したら弱〜中火にしてアクを丁寧に取り除く。アクはエグみの原因になるため、できるだけ取り除いておく。この後、黒糖が完全に溶けてややとろみがつくまで、弱火で5分ほど煮る。

3. 透明感のある黒色から濃い黒色になるまで煮る。とろみがつきすぎると氷にかけたときに固まってしまうので、自然に流れる状態でとめる。この後ザルで漉し、氷水につけて急冷する。

材料

●黒蜜（作りやすい量）

黒糖…200g

解氷水（天然氷を解かしたもの）…160g

●きな粉

黄大豆とグラニュー糖…2:1の割合

●練乳みるく

練乳、牛乳…各適量

氷…適量

きな粉の作り方

1. 天板に黄大豆を広げて180℃のオーブンに入れ、芯にしっかり火が通るまで10〜15分煎る。表面が薄く色づき、皮が割れるまでが目安。一粒割ってみて芯まで色づいていればOK。

2. 粗熱をとってから、ミキサーで完全な粉状になるまで砕く。同店では家庭用コーヒーミルを活用。豆の香りがふわっと上がってくる。

3. ザルでふるい、グラニュー糖を混ぜ合わせて完成。きな粉がザクッとした食感や甘さを出す。作り置きもできるが、作りたての方が大豆の香りが活かせる。

練乳みるく

ミルキーな味わいを出すため、基本のソースとしてすべてのかき氷に使用。同店では牛乳を多めに配合し、糖度を抑えてさらさらな状態に仕上げている。

盛りつけ

1. 器の高さまで氷を削り、練乳みるく、黒蜜を順に回しかけてきな粉をふる。

2. 再び器のまわりから中央に向かって氷を削り、練乳みるく、黒蜜を順に回しかけてきな粉をふる。

3. 再び氷を山盛りに削り、練乳みるく、黒蜜を順に回しかけてきな粉をふり、仕上げに黒蜜をかける。

48 | CHAPTER3 人気店のかき氷レシピ |

キウイマスカルポーネ

売価
900円

加熱せずに作るキウイソースのフレッシュな味わいが楽しめる一品。
ほどよい酸味がマスカルポーネの甘味やコクとも相性抜群。
ふんわりと削った氷にマスカルポーネクリームが合わさると、まろやかな口当たりに。

キウイソースの作り方

1. キウイフルーツの皮をむいて4等分に切り、ボウルに入れてグラニュー糖を加える。キウイフルーツはグリーンキウイがベスト。ほどよい酸味と青っぽい色味がキウイらしさを出してくれる。

2. ブレンダーにかけ、グラニュー糖をなじませながらソース状にする。黒い種をつぶしてしまうと、時間が経った時に色がくすんでエグみも出てしまうため、種を砕かないように気をつける。

3. 少し果肉を残すように仕上げると、よりおいしさが増す。フレッシュ感を大切にして加熱せずに作るため、その日のうちに使い切る。

材料

● キウイソース(作りやすい量)

キウイフルーツ…4個

グラニュー糖…キウイフルーツの重量の30〜40％

● マスカルポーネクリーム(作りやすい量)

マスカルポーネ…100g

グラニュー糖…10g

35％生クリーム…100g

氷…適量

練乳みるく(作り方はp47を参照)…適量

マスカルポーネクリームの作り方

1. ボウルにマスカルポーネとグラニュー糖を入れ、ゴムべらでグラニュー糖がなじむまで混ぜる。

2. 続いて生クリームを加えて混ぜる。分離しやすいので少しずつ加え、なじんだら次を加えるようにする。混ぜすぎるとボソボソになって戻らなくなるので注意。

3. 生クリームがすべて入ったら泡立て器に持ちかえ、なめらかになったら少し泡立てて理想の状態にもっていく。硬すぎると氷になじまず、柔らかすぎると氷にのらない。ゆるく角が立つぐらいがベスト。

Point

氷は見た目の形よりもふわふわの食感を重視。表面を手で押さえつけず、削ったままの形を活かしてこんもりと盛りつける。

盛りつけ

1. 器の高さまで氷を削り、練乳みるくを回しかけ、キウイソースを中央から外に向かってかける。

2. 再び器のまわりから中央に向かって氷を削り、練乳みるく、キウイソースを順にかける。

3. 再び氷を山盛りに削り、練乳みるく、キウイソースを順に回しかけ、マスカルポーネクリームをとろりとかける。

マサラチャイ

売価 900円

牛乳を入れずに作るマサラチャイを、かき氷のシロップに使用。
練乳みるくやマスカルポーネクリームと食べれば、まるでチャイのような味わいのかき氷になる。
スパイシーな香りが漂い、季節を問わず楽しめるのも魅力。

マサラシロップの作り方

1 鍋に茶葉、クローブ、カルダモン、シナモンパウダーを入れ、ひたひたの水（分量外）を注ぐ。茶葉はミルクと相性のよいアッサムを使用。

2 鍋を中火にかけ、茶葉が開いて香りが立つまで煮る。最初はシナモンパウダーがなじみにくいため、混ぜながら火にかけるとよい。葉が水を含むので必要に応じて水を足し、常時ひたひたの状態にする。

3 しっかり葉が開いたらグラニュー糖と分量の水を加え、混ぜながら煮溶かす。グラニュー糖が溶けたら火からおろして漉す。

材料

●マサラシロップ（作りやすい量）

茶葉（アッサム）…16g
クローブ…6g
カルダモン…8粒
シナモンパウダー…適量
グラニュー糖…150g
水…100g

氷…適量
練乳みるく（作り方はp47を参照）…適量
シナモンパウダー…適量
マスカルポーネクリーム（作り方はp49を参照）…適量

盛りつけ

1 器の高さまで氷を削り、練乳みるくを回しかけ、マサラシロップを中央から外側へ渦巻き状にかけてシナモンパウダーをふる。

2 再び器のまわりから中央に向かって氷を削り、練乳みるく、マサラシロップを順にかけ、シナモンパウダーをふる。

3 再び氷を山盛りに削り、練乳みるくを回しかけ、マサラシロップを中央から渦巻き状にかけてシナモンパウダーをふる。マスカルポーネクリームをかけ、シナモンパウダーで仕上げる。

かき氷機

氷がふわふわに削れる、中部コーポレーションの「BASYS」を使用。刃は300杯を削るごとに店で研いでいる。

Point

すべてのかき氷に使用している練乳みるくは、どこから食べてもおいしく味わえるよう、全体にまんべんなくかける。

CHAPTER3 人気店のかき氷レシピ

安納芋

売価
800円

種子島中種子町の砂坂ファームから直接仕入れる安納芋を使ったかき氷。
濃厚な甘さとねっとりした舌触りを活かし、なめらかなソースに仕上げる。
キャラメルソースと味わうことで、プリンのようなおいしさに。

安納芋ソースの作り方

1 安納芋は洗って両端を切り落とし、アルミホイルで包んで160℃のオーブンで90分焼き、皮をむいてボウルに入れる。

2 グラニュー糖を加え、ゴムべらで安納芋をつぶしながらグラニュー糖をなじませるように合わせる。

3 なめらかになったら生クリームを加え、ブレンダーで安納芋の繊維を砕くように混ぜる。

材料

● 安納芋ソース（作りやすい量）

安納芋	200g
グラニュー糖	60〜80g（安納芋の30〜40％）
35％生クリーム	200g
牛乳	400g

氷…適量

練乳みるく（作り方はp47を参照）…適量

グラノーラ…適量

キャラメルソース…適量

4 牛乳を数回に分けて加えながらゴムべらで混ぜる。最初は混ざりにくいので、安納芋に牛乳をなじませるように混ぜる。

5 なじんだら次の牛乳を加えて混ぜる。牛乳がすべて入ったら泡立て器に持ちかえ、持ち上げるとプツッと切れて、線がかける状態まで混ぜる。

6 ツヤがあってふわっとした状態になったら、最後にザルで濾してなめらかな舌触りに仕上げる。

富士山天然氷・蔵元「不二」の氷を使用。富士山の天然水と自然の力を利用して作られた氷で、おいしさに定評がある。

盛りつけ

1 器の高さまで氷を削り、練乳みるくを回しかけ、中央に安納芋ソースをかける。

2 再び器のまわりから中央に向かって氷を削り、練乳みるく、安納芋ソースを順にかける。

3 再び氷を山盛りに削り、練乳みるくを回しかけ、安納芋ソースをかける。グラノーラをふり、キャラメルソースをかけて仕上げる。

かき氷用の器は、鎌倉在住の陶芸作家に発注。手によくなじんで持ちやすく、氷を削りながらきれいに盛れる形や寸法を計算して特注した。

※価格はすべて税込

04 BW cafe
BWカフェ

おぼろ豆腐のかき氷

売価 750円

豆腐や豆乳で作る、ヘルシーなかき氷。あえて調整豆乳を使用することで分離の心配がなく、味のバランスと奥行きが加わり、濃厚でいて、さっぱりとした上品な味わいを作り出すことに成功。溶けても最後まで変わらず楽しめる一品。

材料（作りやすい分量）

豆乳（調整タイプ）	適量
クコの実	少々
おぼろ豆腐	100g
シロップ	30g
きなこ	適量
豆乳アイス	アイスクリームディッシャー1杯

1. 豆乳を製氷機に入れ、冷凍庫に入れる。クコの実はお湯で柔らかく戻しておく。

2. おぼろ豆腐は水気をしっかりときってから、ミキサーに入れる。

3. ミキサーでおぼろ豆腐を攪拌させながら、シロップを少しずつ入れて3～5分しっかり混ぜ合わせる。

4. とろみは重めに、舌触りはなめらかになるよう仕上げる。豆腐の水切りが不十分だとシャバシャバになりがちなので、気をつける。

5. 豆乳氷を取り出し、2～5分置いておく。凍らせた時、氷の色は茶色に見えるが、削ると白さは戻る。

6. 氷は初め、粗めに削って徐々に細かめに削っていく。クリームの重さに負けないよう、器の高さより少し高めに氷を盛りつけ、少し平らにならす。

器について

器の色も白で統一。深さを持たせた容器を使い、あえて氷は見せないように演出。

7. おぼろ豆腐クリームをたっぷりとかける。

8. 豆乳アイスをのせ、きな粉をふりかけ、クコの実をのせる。

フルーツポンチかき氷

売価 **750**円

7、8種のフルーツをシロップに漬け込み、3日間寝かせることで生まれる芳醇な味わいと風味。
粗めに削った氷の食感と、フルーツそれぞれの食感の違いも楽しめる一品。
シャンパングラスで提供することで、見た目の華やかさを上げる。

材料（作りやすい分量）

旬のフルーツ	7、8種
りんご	1個
パイナップル	1/8個
きんかん	5個
バナナ	1本
グレープフルーツ	1/2個
キウイフルーツ	1個
ドラゴンフルーツ	1/4個
ぶどう	10粒
水	500㎖
砂糖	750㎖
タピオカ（黒）	50g（戻したもの）
氷	適量
ミント	少々

1. りんごは12等分して皮をむき、1つが3等分になるように切る（小さめの一口サイズにする）。

2. パイナップルは8～10等分にする。りんごのサイズに合わせるように切り分けるとよい。

3. きんかんは半分に切って、取れる種は取っておく。

4. 鍋に水、砂糖、フルーツを入れ、落し蓋をして弱めの中火で約5～10分歯ごたえを残す程度に煮て火から下ろす。

5. グレープフルーツは縦に6等分にして、皮を切り落とし、半分にする。キウイフルーツは皮をむいて縦に4等分にし、8mm幅に切る。

6. ドラゴンフルーツは、皮をむいて5mm幅に切る。ブドウは茎から外しておく。

7. 鍋に、グレープフルーツ、キウイフルーツ、ドラゴンフルーツ、ブドウ、タピオカを加えて粗熱を取る。

8. 容器に移して、冷蔵庫で3日以上寝かせる。3日寝かせることで、シロップにもフルーツの香りや味がなじんで深みがでる。

9. 氷を普通～少し粗めに削って器に盛り、ライムを添える。シャンパングラスにフルーツを入れてシロップを注ぎ、ミントをのせ、別添えにして提供する。

Point

フルーツは煮ることで艶を出し、シロップと味をなじませながらも、それぞれフルーツの食感を生かすのが大事なポイント。煮るもの、生のままの方がよいものとの区分けも大切。

そば茶かき氷

売価 750円

氷、シロップ、トッピングもそばを活用した、そばづくしのかき氷。
きなこの代わりの煎りそば粉と、そば茶の香ばしい味と風味が活きたそば蜜は、
単品で販売してほしいとリクエストが続出する人気の味わい。

そば氷・そば蜜・煎りそば粉の作り方

1. 鍋に水、そば茶を入れて中火にかけ、沸いたら火を止める。そのまま蒸らして粗熱をとる。そば茶を取り出し、氷用は製氷機に注ぎ、凍らせる。鍋に残ったそば茶に砂糖を入れ、中火にかける。アクを取り除きながら軽くとろみが出るまで煮詰め、そば蜜にする。

2. フライパンでそば粉を弱火で煎る。香ばしい香りがしたら火を止め、容器に移し、砂糖、塩を入れて混ぜ合わせる。そばの実は、フライパンで弱火で煎る。キツネ色に近づいたと思ったらすぐに取り出す。そばの実は、鍋の余熱でも焦げるので注意。

そば粉の白玉の作り方

1. ボウルに白玉の材料(水以外)を入れ、手でよく混ぜ合わせる。

2. 水を少しずつ入れてこねるように練り合わせる。2cm位に丸め、平たくのして厚みを持たせながら3cm位の大きさにして窪みをつける。

3. 鍋に水を沸騰させ、そば粉で作った白玉を鍋に入れる。浮いたらすくって、氷水にさらす。

盛りつけ

1. そば氷は取り出したら、2〜5分置く。少し山高になるようにそば氷を削る。

2. 白玉、そばジェラートを器の端に盛りつける。あんこは中央にのせる。

3. ホイップした生クリームをあんこの上にのせ、空いたところには、煎りそば粉をたっぷりふり、そばの実をちらしてミントを飾る。そば蜜は別の器に入れて添える。

材料(作りやすい分量)

●そば氷
そば茶…15パック(8g/1パック)
水…2000㎖

●そば蜜
そば茶…900㎖
砂糖…約1kg

●煎りそば粉
そば粉(白)…200g
砂糖…20g
塩…少々

●煎ったそばの実
そばの実…少々

●そば粉の白玉
そば粉(黒)…50g
白玉粉…150g
砂糖…20g
水…180㎖

そば粉のジェラート…アイスクリームディッシャー1杯分
あんこ…大さじ1
生クリーム…少々
ミント(飾り用)…少々

Point
かき氷やスイーツで使うそば茶は、飲料用よりも10倍濃い目に抽出したものを使用。そば茶の風味やおいしさを最大限引き出すため、長時間沸騰させないように仕上げている。

※価格はすべて税込

05 Dolchemente
ドルチェメンテ

いちご

売価 500円

パティスリーが提供するかき氷はフレッシュなフルーツを活かしたソースが強み。ミルク味のスノーアイスの氷と合わせ、夏季限定・テイクアウトで販売する。非加熱処理のソースは注文ごとに作業し、作り置きしない。いちごミルクのかき氷は一番人気。

いちごソースの作り方

材料（かき氷1杯分）

いちご（飾り用）…5粒（約50g）
いちご（ソース用）…約50g
純粉糖…約25g（ソース用のいちごの半分量）
スノーアイス…1個（140g）

1 フルーツナイフでいちごのヘタを取り、飾り用のいちご5個はそれぞれ横5mm幅に切ってから垂直に2等分する。

2 さらに両端を押さえながら縦の薄切りにする。この順番は押さえが効くため、果肉が柔らかないちごも潰れず、きれいに細く切ることができる。

3 ソース用のいちご5個と純粉糖をイワタニの「サイレントミルサー」の耐熱ガラス容器に入れ、蓋をする。

4 サイレントミルサーにセットする。ミルサーの容器は75mlと少量で1回ずつ使用できて便利。

5 手のひらで軽くプッシュする。フレッシュ感を活かし、果肉と種子の食感が残るよう、押し続けるのではなく、6〜7回プッシュして仕上げる。

6 いちごの種子のつぶつぶがはっきり見えるのが目安。

Point

マシンはマルイ物産の「ワンショット スノーアイスマシン」を使用。ほのかな甘みのミルク氷は空気を含み、きめ細かく削ることができる。ミルク氷のカップをマシンにセットし、ボタン操作というシンプルな作業も忙しいパティスリーに好条件。

盛りつけ

1 テイクアウト用のプラスチック製容器の底にいちごソースを約大さじ1量敷き、さらに適量を容器の縁から垂らしていく。同店では一目でどの味かわかるようにソースをかけている。

2 スノーアイスのカップをマシンにセットする。容器を回しながらリボン状に削り出されるふんわりとした氷を積んで形を整える。

3 残りのソースを上から回しかけ、飾り用のいちごをほぐしてトッピングする。

キウイ

売価 500円

ニュージーランド産キウイを使ったかき氷は大人に好評。
ほのかに甘いミルク味の氷を使用するため、
合わせるソースはバランスを重視し、糖度を抑えている。

キウイソースの作り方

❶ キウイのヘタをねじりながら引き抜いて芯ごと取る。この方法だと芯が簡単に取れやすく便利。

❷ もう片方のヘタを切り取り、皮をむいて半分にカットする。半分はソースに、もう半分はトッピングに使用する。

❸ 飾り用のキウイは4等分のくし切りにし、それぞれ芯の白い部分を取り除く。上下に並べてまとめて半分量を5等分に切る。

❹ ソース用のキウイは縦半分に切ってから4等分する。

❺ ミルサーの容器にソース用のキウイと微粉糖を入れ、蓋をしてセットする。

❻ 6〜7回ほどプッシュすると微粉糖が溶け、キウイの酸味が効いたなめらかなソースが完成。キウイの黒い種子のつぶつぶがしっかり見えるのが目安。

材料（かき氷1杯分）

キウイ（飾り用）…1/2個
キウイ（ソース用）…1/2個
純粉糖…25g（ソース用のキウイの約半分量）
スノーアイス…1個（140g）

Point

「ワンショット スノーアイスマシン」専用のカップ入りアイスミルク氷は使い切りタイプで1個140㎖。

盛りつけ

❶ 約大さじ1量のキウイソースをテイクアウト用容器の底に敷き、適量のソースを容器の縁に沿って垂らしながら入れていく。

❷ スノーアイスをマシンにセットし、容器を回しながらリボン状の氷を積んで形を整える。

❸ 残りのソースを上から回しかけ、飾り用のキウイをトッピングする。

マンゴー

売価 500円

いちごとともに人気が高いかき氷。
タイ産の冷凍マンゴーは一旦、電子レンジで室温に戻してからカットする。
ソースに仕立てる際の糖分は、フルーツソースへの溶け込みやすさから、
コーンスターチが入らない純粉糖を使用する。パティスリーならではの発想だ。

マンゴーソースの作り方

①　冷凍マンゴーは電子レンジで加熱して戻し、食感が残るように約1.5cm幅に切る。半分はソース用、半分は飾り用に使用する。

②　ソース用のマンゴーをミルサーの容器に微粉糖と一緒に入れて蓋をしてセットする。

③　6～7回ほどプッシュしてペースト状にする。微粉糖が溶け、ほどよく甘く、なめらかなソースに仕上げる。

材料（かき氷1杯分）

冷凍マンゴー（飾り用）…約50g
冷凍マンゴー（ソース用）…約50g
純粉糖…
　約25g（ソース用のマンゴーの半分量）
スノーアイス…1個（140g）

Point

非加熱処理のソースはオーダーごとに1杯ずつ仕立てる。岩谷産業の「サイレントミルサー」はコンパクト設計ながら強力な粉砕が持ち味。

盛りつけ

①　約大さじ1量のマンゴーソースをテイクアウト用容器の底に敷き、適量のソースを容器の縁に沿って垂らしながら入れていく。

②　スノーアイスをマシンにセットし、容器を回しながらリボン状の氷を積んで形を整える。

③　残りのソースを上から回しかけ、飾り用のマンゴーをトッピングする。

チョコレート

売価 500円

かき氷のソースは、クーベルチュールチョコレート（カカオ55％）に、生乳から脂肪分だけを取り除き、約3倍に濃縮した脱脂濃縮牛乳を使ってミルクの風味をアップさせた。ミルキーなチョコレートソースとスノーミルクの組み合わせは子供が大好きなかき氷。

チョコレートソースの作り方

① 鍋に北海道脱脂濃縮牛乳と生クリームを合わせて加熱し、軽く混ぜ合わせたらグラニュー糖を加えてさらによく混ぜ合わせる。

② 焦げない程度に加熱し、必ず一旦沸騰させる。

③ 沸騰後、クーベルチュールチョコレートが入った容器に注ぐ。クーベルチュールチョコレートはカカオの成分が高くなくてもおいしくできる。

④ バーミックスなどの耐熱の器具でしっかりと攪拌し、全体がミルクチョコレート色になるまでしっかりと混ぜ合せる。

⑤ ボウルに移した後、氷を張った別のボウルに重ね、ヘラで混ぜながら冷やしていく。

⑥ ゴムベラですくい上げ、細い線が流れ落ちるようになったら完成。冷蔵保存で2日間の賞味。湯煎など、温めなくても使用できる。

材料（作りやすい分量）

クーベルチュールチョコレート（カカオ55％）…200g
北海道脱脂濃縮牛乳…200㎖
生クリーム（乳脂肪分35％）…200㎖
グラニュー糖…40g
スノーアイス…1個（140g）

Point

ソースはかき氷の頂点付近から線状に垂らした後、下に向かって回しかけていく。

盛りつけ

① 約大さじ1量のチョコレートソースをテイクアウト用容器の底に敷き、さらに適量のソースを容器の縁に沿って垂らしながら入れていく。

② スノーアイスをマシンにセットし、容器を回しながらリボン状の氷を積んで形を整える。

③ 適量のソースを回しかける。

※価格はすべて税抜

06 吾妻茶寮

AZUMA SARYO

MITARASHI ～みたらし～

売価 1150 円

みたらしだんごをかき氷で表現した、ユニークな一品。
タレの甘辛さと、シャリシャリの氷、クリーミーなエスプーマの泡が
クセになるおいしさ。トッピングもあられと刻み海苔で和風仕立てに。

白蜜の作り方

① 鍋に水を入れて沸騰させ、グラニュー糖を加える。(好みでグラニュー糖以外の砂糖を使うほか、ザラメや水飴などを加えてもよい。)

② グラニュー糖が溶け、グツグツと煮立ったら火を止めて冷ます。「MITARASHI」のほか、さまざまなシロップ・ソースのベースなどに使用する。

材料

●白蜜（作りやすい量）
水…1ℓ
グラニュー糖…1kg

●MITARASHI用エスプーマ種（作りやすい量）
みたらしなどの甘辛タレ…50㎖
牛乳…200㎖
練乳…200㎖
生クリーム…200㎖
エスプーマの粉…15g

●みたらしシロップ（作りやすい量）
白蜜…180㎖
みたらしなどの甘辛タレ…20㎖

バニラアイス…適量
求肥…適量
あられ…適量
刻み海苔…適量
みたらしだんご（串）…1本
氷…適量

みたらしシロップの作り方

白蜜を入れたディスペンサーに、みたらしなどの甘辛タレを加え、よくふる。

MITARASHI用エスプーマの作り方

① エスプーマ種の材料を用意する。みたらしなどの甘辛タレは、他の材料と混ざりやすいよう、電子レンジで少し加熱しておく。

② ディスペンサーにすべての材料を入れ、よくふり、冷蔵庫で冷やす。(分離しやすいため、エスプーマボトルに移す直前にもう一度よくふる。)

盛りつけ

① 氷を削って、器の少し上の高さまで盛り、みたらしシロップをまんべんなくかける。

② バニラアイスと求肥をのせる。求肥は氷と絡むよう、細く刻んでおく。

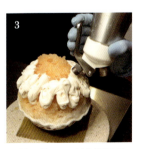
③ 再び氷を削ってこんもりと高く形成し、みたらしシロップを中まで染み渡らせるように回しかける。エスプーマのボトルにエスプーマ種を入れてガスを充填し、ノズルを上下させながら、下から上へらせん状に絞る。

④ 上からあられをふって、刻み海苔をのせる。焼き目をつけてタレにくぐらせたみたらしだんごを飾り、トッピング用のあられを添える。

抹茶ティラミス いちご

売価 1990円

定番人気の抹茶ティラミスを、季節のフルーツでデコレーション。
クリームチーズをベースにしたエスプーマ＆抹茶のコントラストに、
中に隠されたわらび餅やグラノーラがアクセントを添える。

宇治シロップの作り方

1. ミキサーに白蜜の半量ほどを入れ、抹茶を加え、残りの白蜜を注いでふたをし、攪拌する。

2. ミキサーを止めて、ゴムべらで溶け残った粉を混ぜ、再び攪拌して均一に混ぜる。

材料

●宇治シロップ（作りやすい量）

白蜜	2ℓ（作り方はp69を参照）
抹茶（粉）	180g〜

●ティラミス用エスプーマ種（作りやすい量）

牛乳	400㎖
マスカルポーネ	100g
クリームチーズ	100g
生クリーム	70㎖
白蜜	70㎖（作り方はp69を参照）
練乳	20㎖
エスプーマの粉	5g

●マスカルポーネクリーム（作りやすい量）

クリームチーズ	1000g
マスカルポーネ	1000g
グラニュー糖	400g
生クリーム	1000g
牛乳	500㎖
レモン汁	50㎖

わらび餅	適量
グラノーラ	適量
抹茶（粉）	適量
いちご	適量
氷	適量

ティラミス用エスプーマの作り方

ミキサーにエスプーマ種の材料をすべて入れ、なめらかに攪拌する。攪拌後はディスペンサーに移し、冷蔵庫で冷やす。（分離しやすいため、エスプーマボトルに移す直前にもう一度よくふる。）

マスカルポーネクリームの作り方

クリームチーズとマスカルポーネは室温にもどし、泡立器で柔らかく練る。その後、グラニュー糖、生クリーム、牛乳、レモン汁の順に加えてそのつど混ぜ、クリーム状に仕上げる。

わらび餅

わらび粉や黒糖に水を加えて鍋で煮溶かし、強火で絶えず混ぜ、透明なツヤが出るまで練り上げる。その後はバットに移して冷まし、固まれば完成。黒糖を使うことでコクのある味わいになる。

盛りつけ

1. 器の高さまで盛った削り氷に、宇治シロップをかけ、わらび餅、マスカルポーネクリーム、細かく砕いたグラノーラをのせる。

2. 再び氷を削ってさらにこんもりと形成し、宇治シロップをたっぷり染みこむように回しかける。

3. エスプーマのボトルにエスプーマ種を入れてガスを充填し、下から上へらせん状に絞る。

4. 抹茶をふり、いちごを飾る。いちごは大ぶりなもので3〜4個が目安。

抹茶ショコポーネ

売価 1080円

氷にたっぷり染みこんだ抹茶シロップに、ホワイトチョコ入りの
ふわふわ抹茶エスプーマ、提供時には濃厚な抹茶チョコソースを添えて。
さまざまな食感や組み合わせで楽しむ、抹茶づくしのかき氷。

材料

●抹茶シロップ（作りやすい量）

抹茶（粉）…5g

湯…50㎖

冷水…200㎖

●抹茶ショコポーネ用エスプーマ種＆抹茶チョコソース（作りやすい量）

ホワイトチョコレート…180g

抹茶（粉）…15g

生クリーム…350㎖

牛乳…350㎖

エスプーマの粉…5g

マスカルポーネクリーム（作り方はp71を参照）…適量

つぶあん…適量

抹茶（粉）…適量

氷…適量

抹茶シロップの作り方

1. 抹茶碗に抹茶を入れ、湯を注ぐ。茶せんを使って濃いめの抹茶を点てる。

2. ディスペンサーに移して冷水を注ぎ、ふたをしてふる。

抹茶ショコポーネ用エスプーマ＆抹茶チョコソースの作り方

1. ボウルにホワイトチョコレートを入れ、湯せんにかけて溶かす。チョコレートが溶けたら抹茶を加え、ダマがなくなるまでなめらかに混ぜ合わせる。

2. 生クリームを加えて混ぜ合わせ、一部を完成品に添える抹茶チョコソース用として取り分けておく。

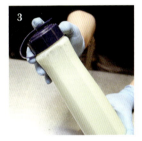
3. ディスペンサーに牛乳、エスプーマの粉、残りの2を入れてよくふり、冷蔵庫で冷やす。（分離しやすいため、エスプーマボトルに移す直前にもう一度よくふる。）

つぶあん

トッピングに使用するつぶあんは、北海道産大納言小豆を寸胴鍋で一昼夜水につけ、しっかり吸水させてから柔らかく炊き上げる。

盛りつけ

1. 器にこんもりと盛った削り氷に、抹茶シロップをまんべんなく回しかけ、マスカルポーネクリームとつぶあんをのせる。

2. 再び氷を削ってさらに高く形成し、抹茶シロップを回しかける。氷の量が多いため、中まで染みこむようにたっぷりとかけるのがポイント。

3. エスプーマのボトルにエスプーマ種を入れてガスを充填し、6切型のノズルをセットして絞る。中心かららせん状に絞り、仕上げに抹茶をふる。取り分けた抹茶チョコソースを添えて提供する。

※価格はすべて税抜

07 あんどりゅ。
ANDORYU

いちごみるく

売価 *800*円

旬のいちごは、フレッシュのままつぶすことで
果肉感の生きたみずみずしいシロップに。
生クリーム・練乳と合わさり、どこか懐かしい味わい。

いちごシロップの作り方

いちごにグラニュー糖を加える。

シュガーシロップを加える。

ハンドブレンダーにかけて果肉をつぶす。できたシロップはディスペンサーに移しておく。（いちご以外に、みかん、キウイ、パイナップルなども同じ手法でシロップができる。）

材料

● いちごシロップ（作りやすい量）

いちごとグラニュー糖とシュガーシロップ…10：1：5の割合

いちごシロップ…適量

ホイップクリーム（無糖）…適量

練乳…適量

氷…適量

Point

氷に空気を含ませながら長細く削り、それを斜めに組み立てていくことで、氷にうま味とふわりとした口溶けが生まれる。器は陶器製で氷が溶けづらく、存在感のある釜飯用の器を使用。

盛りつけ

氷を削る、いちごシロップをかける、氷を削る…と、器に交互に積み上げていく。

氷がほどよい高さになったら仕上げのいちごシロップをたっぷりとかける。

お玉でホイップクリームをすくって、こんもりとのせる。

ホイップクリームの上から練乳をかける。

CHAPTER3 人気店のかき氷レシピ

黒ごま団子

売価 **800**円

氷によくからむよう、シロップに白あんを加え、風味＆とろみ付けしている。
なめらかなホイップクリームの中で、
プチプチ弾ける黒ごまの食感がクセになる。

白あんシロップの作り方

1. 白あんとシュガーシロップを合わせ、泡立て器で混ぜる。
2. 白あんが完全に溶けてなめらかになるまで混ぜ、ディスペンサーに移しておく。

黒ごま入りクリームの作り方

1. ホイップクリームに黒ごまを加える。
2. ガムシロップを加える。
3. お玉を使って均一に混ぜ合わせる。

盛りつけ

1. 氷、白あんシロップ、氷と、器に交互に積み上げていく。
2. 氷がほどよい高さになったら、仕上げの白あんシロップをたっぷりとかけ、黒ごま入りクリームをこんもりとのせる。

材料

● **白あんシロップ（作りやすい量）**

白あんとシュガーシロップ…1：1の割合

● **黒ごま入りクリーム**

ホイップクリーム（無糖）…お玉1杯
いり黒ごま…10g
ガムシロップ…15㎖

白あんシロップ…適量
黒ごま入りクリーム…適量
氷…適量

アボカドみるく

売価 **800**円

シンプルだからこそ、口の中でほどけるような氷の食感と、
アボカドクリームのとろりと濃厚な対比が際立つ。
素材を活かしたヘルシー感も人気。

アボカドクリームの作り方

1. アボカドは種と皮を取り除き、果肉をざく切りにする。
2. ミキサーにアボカド、バニラアイス、グラニュー糖、牛乳を入れ、攪拌する。
3. なめらかなクリーム状になったら、ディスペンサーに移しておく。

盛りつけ

1. 氷、アボカドクリーム、氷と、器に交互に積み上げていく。
2. 氷がほどよい高さになったら、アボカドクリームを上からたっぷりとかける。

材料

●アボカドクリーム

アボカド…1個
バニラアイス…アボカドと同量
グラニュー糖…アボカドの1/10量
牛乳…50mℓ

アボカドクリーム…適量
氷…適量

※価格はすべて税込

08 kotikaze
こちかぜ

2色金時

売価
1000円

和三盆糖と白下糖を使用した2種類のシロップと粒あんを組み合わせた、
和菓子を得意とする同店自慢のかき氷。「昔ながらの製法で作られる和三盆糖や
白下糖の存在とおいしさを知ってほしい」という店主の思いがこもった一品だ。

和三盆糖シロップ、白下糖シロップの作り方

鍋に和三盆糖と水を入れて強火にかけ、沸騰したら弱火にし、10〜15分かけてとろみがつくまで火を入れる。白下糖シロップも同様の手法で作る。

「白下糖」は和三盆糖などの原料となるもので、味わいは黒糖のよう。和三盆糖とともに「三谷精糖」(香川県)から仕入れている。

材料

● 和三盆糖シロップ

和三盆糖と水…1:1/2の割合

● 白下糖シロップ

白下糖と水…1:1/2の割合

● 白玉

白玉粉、水…各適量

白下糖シロップ、
和三盆糖シロップ…各適量
粒あん…小さじ4
白玉…3個
氷…適量

白玉の作り方

❶ ボウルに白玉粉を入れ、少しずつ水を加えながら粉をのばし、耳たぶぐらいのやわらかさになるまで練る。

❷ 成形した白玉を茹で、白玉が浮き上がったら10秒で湯から引き上げる。写真は「蓮見氷」用の白玉。「2色金時」用は平べったく成形する。

粒あん

北海道産の大納言小豆をひと晩水につけた後、水を3回変えて白砂糖と一緒に煮込んでいく。かき氷用のあんはぜんざいほどではないが、やわらかめに仕上げている。

盛りつけ

❶ 器に氷を削り、粒あんを小さじ3、その上に白玉3個をのせる。白玉は氷と接するとかたくなるので粒あんの上にのせ、ふたをするように小さじ1の粒あんを上からかける。

❷ 和三盆糖シロップ(右)と白下糖シロップ(左)を半分ずつかける。

❸ 氷を削り、和三盆糖シロップと白下糖シロップを半分ずつかける、という工程をあと2回くり返す。

蓮見氷

売価 **980**円

淡い紅色のミルクシロップを使って蓮の花を表現した。器の中には白きくらげ入りの蓮の実ぜんざいが入っており、栗のようなほっこりした味わい、ねっとりとした食感の蓮の実ぜんざいに白きくらげのつるんとした食感がアクセントになって飽きずに楽しめる。

蓮の実ぜんざいの作り方

1. 蓮の実に砂糖水をひたひたに入れ、ひと晩置いてもどす。写真右はひと晩置いた状態。蓮の実の中にある黒い芽は苦味のもとなので取り出す。

2. 蓮の実を鍋に入れ、ひたひたより関節1つ分くらい多めの水（分量外）と白砂糖を加え、蓮の実がやわらかくなるまで煮る。蓮の実からアクが出てくるのですくい取る。

3. 出来上がった蓮の実ぜんざい150mlに、大さじ1の白きくらげを加える。白きくらげは、鍋に水と白砂糖（1：1/2の割合）を入れて火にかけ、沸騰したら、石突きを取り除いた白きくらげを入れ、とろっとなるまで約1時間煮る。

ミルクシロップ（蓮見氷用）の作り方

1. 鍋にジャージー牛乳とグラニュー糖を入れ、2時間ほど弱火にかける。

2. 水でのばした食用色素を入れてよく混ぜる。

盛りつけ

1. 蓮の実ぜんざいを入れた器に氷を削る。氷は使う前に10分ほど常温に置いて、削りやすい状態にしてから使っている。

2. ミルクシロップをかける。

3. 再び氷を削り、ミルクシロップをかけ、仕上げに白玉をトッピングする。

材料

● 蓮の実ぜんざい

蓮の実	適量
砂糖水	水1：白砂糖1の割合
白砂糖	蓮の実（乾燥の実）と同量
白きくらげ	蓮の実ぜんざい150mlに対して大さじ1

● ミルクシロップ（作りやすい量）

ジャージー牛乳	1ℓ
グラニュー糖	460g
天然の食用色素（紅麹粉末）	適量

蓮の実ぜんざい（白きくらげ入り）	150ml
ミルクシロップ	適量
白玉	5個
氷	適量

蓮の実

中華食材店などで購入できる。江戸時代には桜の花見の後に蓮の花見に興じていた、という風習にちなんで「蓮見氷」と命名した。

CHAPTER3 人気店のかき氷レシピ

にんじん氷

売価 880円

糖度の高い大阪産の「彩誉（あやほまれ）」というニンジンをピューレとタフィにしてかき氷に合わせた。柑橘の中でも一番相性のよかったグレープフルーツをニンジンピューレに加えることで食べやすく、爽やかな味わいに仕上がる。

ニンジンピューレの作り方

1. 皮をむいて火の通りやすい大きさに切ったニンジンを、やわらかくなるまで5～6分蒸す。
2. 蒸したニンジンと白砂糖をミキサーに入れ、ピューレ状になるまで撹拌する(A)。
3. Aとグレープフルーツの果肉・果汁を合わせ、果肉がほどよく残る程度に混ぜ合わせる。

ニンジンタフィの作り方

ニンジンピューレ（グレープフルーツを加えないAの状態）とミルクシロップを鍋に入れ、弱火で20分ほど混ぜながら煮込む。写真は出来上がりの状態。

ミルクシロップは、ジャージー牛乳1ℓとグラニュー糖460g（※作りやすい量）を2時間火にかけたもの。

材料

●ニンジンピューレ（作りやすい量）

ニンジン…1本

グレープフルーツ（皮と筋を取ったもの）…ニンジンの1/3量

グレープフルーツ果汁…適量

白砂糖…ニンジンの1/3量

●ニンジンタフィ

ニンジンピューレとミルクシロップ…2:1の割合

ニンジンピューレ…大さじ8

ニンジンのタフィ…大さじ1

氷…適量

盛りつけ

1. 器に氷を削り、その上に大さじ3のニンジンピューレをのせる。
2. 再び氷を削り、大さじ3のニンジンピューレをのせる。
3. 再び氷を削り、大さじ2のニンジンピューレをのせ、大さじ1のニンジンタフィをのせる。

今日ありったけの柑橘類

売価
1000円〜

使用する柑橘類は日によって変わり、写真はいよかん、スイートスプリング、きんかん、文旦のかき氷。新鮮な果実からシロップなどを仕込み、4、5種類の柑橘を盛り込む。柑橘は物によって皮をむいているので食べやすく、果汁に果肉もたっぷりのることから喜ばれている。

いよかんシロップの作り方

1. いよかんは皮と筋を取り、果肉を容器に入れる。果肉に和三盆糖とグラニュー糖をまぶし、いよかんの皮をしぼって果汁をかける。しばらく置くと果肉から水分が出てくる（A）。Aをジップロックに入れて冷凍する。スイートスプリングシロップも同様の手法で作る。

2. 冷凍したいよかんシロップを解凍した状態。各種柑橘は旬の時期に買って、先の方法で仕込んで冷凍しておく。そうすれば必要な時に解凍して、いつでも果汁100％の状態で使用できる。

盛りつけ

1. 氷を段階的に削らず、最初の1回で器いっぱいに削る。柑橘の果汁（シロップ）をたっぷりかけるため、段階的に果汁をかけなくてもよくしみこむ。

2. 1/3面にいよかんシロップの果汁をかけ、果肉をのせる。

3. 別の1/3面にスイートスプリングの果汁をかけ、果肉をのせる。

4. 残る1/3面に金柑シロップをかけ、金柑煮をのせる。仕上げに文旦をトッピングする。

材料

● **いよかんシロップ**

いよかん（皮と筋を取ったもの）…半個

砂糖（和三盆糖とグラニュー糖）…いよかんの1/3量、和三盆糖とグラニュー糖は半々の割合

● **スイートスプリングシロップ**

スイートスプリング（皮と筋を取ったもの）…半個

砂糖（和三盆糖とグラニュー糖）…いよかんの1/3量、和三盆糖とグラニュー糖は半々の割合

いよかんシロップ…いよかん半個分

スイートスプリングシロップ…スイートスプリング半個分

金柑シロップ…実2個、シロップ適量

文旦…1房（皮と筋を取ったもの）

氷…適量

Point

柑橘類のシロップは、相性のよい和三盆糖を使って仕込んでいる。金柑は中の種を取り出し、好みのやわらかさに煮て、和三盆糖を溶かした砂糖水に漬け込んだもの。

09 かき氷 六花
RIKKA

かぼちゃ

売価 **800**円

かぼちゃが旬の秋から冬にかけて提供する、女性に人気のメニュー。
明るいかぼちゃの色を活かすため、皮の下処理に気を配っている。
ほろ苦いキャラメルシロップは別添えで、味わいの変化も楽しんでもらう。

かぼちゃソースの作り方

① かぼちゃの種とワタをスプーンで取り除き、適度な大きさにカットする。かぼちゃはほっくりとした栗かぼちゃを使用。

② かぼちゃを耐熱容器に入れて、乾燥しないよう水少量をふりかける。ラップをして、電子レンジ(500W)で4分30秒ほど加熱して柔らかい状態にする。

③ 包丁で皮を取り除く。このとき、仕上がりの色がにごらないよう緑色の部分が残らないように気をつける。

④ かぼちゃ、牛乳、練乳をフードプロセッサーで攪拌し、かぼちゃを完全にペースト状にする。

⑤ 目が細かい濾し器に移し、ヘラで丁寧に濾す。

⑥ 裏濾しすることで舌触りがなめらかになり、氷とバランスよく味わえる。ペーストは冷蔵庫で保管する。

盛りつけ

① 器の高さまで氷を削り、みるくシロップを回しかけ、中央にかぼちゃソースをたっぷりのせる。

② 再び氷を削りらせん状に積んでいき、みるくシロップをたっぷりとかける。さらに氷を山盛りにし、最後のみるくシロップは軽くかける。

③ 仕上げにかぼちゃソースをスプーンでたっぷりとのせ、かぼちゃの種を見映えよく飾る。

材料

● **かぼちゃソース**(作りやすい量)

栗かぼちゃ…450g
牛乳…225g
練乳…150g

● **キャラメルシロップ**(作りやすい量)

グラニュー糖…300g
水…45㎖
熱湯…250㎖

かぼちゃソース…適量
みるくシロップ…適量
(作り方はp93を参照)
かぼちゃの種(ロースト)…約10粒
氷…適量

キャラメルシロップ

別添えするキャラメルシロップも自家製。フライパンにグラニュー糖と水を入れて火にかけ、香ばしく色付けば火を止め、熱湯を加える。木ベラで混ぜ、冷やしておく。

きんかん

売価 *800*円

糖度が高く香りのいい宮崎産の金柑「たまたま」が手に入る、2月〜3月下旬に提供。
種とヘタ以外を使うため、柑橘特有のほのかな酸味や苦味も満喫できる。
多くの量を仕込めないため、1日5食〜10食限定で用意する。

金柑シロップの作り方

1. 金柑はヘタの部分を切って取り除き、縦半分にカットする。

2. 皮とワタの間に指を入れて分け、指で種を取る。

3. 雪平鍋に下処理した金柑を入れ、グラニュー糖と水を加える。

4. 強火にかけて、沸いたら弱火にしてときどきかき混ぜながら約30分炊く。

5. 金柑シロップの仕上がりの目安は、氷の上にかけやすい適度なとろみ。冷やすとさらにとろみが増す。

6. 粗熱をとり、粉砕しつつ果肉感が残る程度にミキサーにかける。タッパーに移し、冷蔵庫で保管する。

材料

● 金柑シロップ（作りやすい量）

金柑	450g
グラニュー糖	200g
水	500g

みるくシロップ…適量
（作り方はp93を参照）

金柑シロップ…適量

氷…適量

盛りつけ

1. 器の高さまで氷を削り、みるくシロップを回しかけ、中央に金柑シロップをたっぷりのせる。

2. 再び氷を削りらせん状に積んでいき、みるくシロップをたっぷりとかける。さらに氷を山盛りにし、最後のみるくシロップを軽めにかける。

3. 金柑シロップをスプーンでたっぷりとかける。

みるく

売価 500円

季節メニューのベースとしても活用する人気のみるくシロップをシンプルに。
練乳のコクのある甘味が広がるシロップは、あと口のよさも魅力。
みるくシロップを存分に味わえるよう贅沢にかけるのがポイント。

みるくシロップの作り方

① 雪平鍋に牛乳とコンデンスミルクを入れる。1本1000g容量のコンデンスミルクに合わせた配合にすることで、軽量の手間のない使い切りに。

② グラニュー糖を加える。分量は夏季は甘さを控えた75g、冬季は90gと季節により糖度を調整する。

③ 加熱中はつきっきりで木べらで混ぜながら、強火で7、8分加熱する。特に加熱し始めは焦げやすいので注意。

④ しっかり火が入り、砂糖の溶け残りがないか確認して、粗熱をとる。

⑤ みるくシロップは作業性のいいボトルに入れて冷蔵庫に複数保管。「みるく」氷には、少しだけ素氷の部分が残る程度にたっぷりかける。

材料

● みるくシロップ（作りやすい量）

成分無調整牛乳	1ℓ
コンデンスミルク	1000g
グラニュー糖	夏季75g、冬季90g
みるくシロップ	適量
氷	適量

かき氷機と氷

Swanの氷削機を使用。氷は神戸・元町の氷店から仕入れ、冷凍庫と発泡スチロールで保管。触ったときに〝氷〟を表面に感じる−4℃〜−5℃を理想とする。

盛りつけ

① 器の高さまで氷を削り、みるくシロップをたっぷりと回しかける。

② 再び氷を削りらせん状に積んでいき、みるくシロップをたっぷりとかける。

③ 再び氷を山盛りに削ったら、手で形を整える。さらに仕上げのみるくシロップをかける。

94 | CHAPTER3 人気店のかき氷レシピ

杏仁みるく（季節替わりのシロップ付き）

売価 700円

みるくシロップを作る過程でたっぷりの杏仁霜（きょうにんそう）を加えたメニュー。
食べ進めると、やわらかな杏仁豆腐が現れ食感の対比も楽しめる。
写真のいちごシロップなど、季節替わりのシロップを別添えで提供。

杏仁みるくシロップの作り方

①雪平鍋に牛乳とコンデンスミルクを入れる。

②グラニュー糖と杏仁霜を加える。グラニュー糖は夏季はさっぱりめに仕上げ、冬季は糖度を高めるため増量する。

③焦げないように木べらで混ぜながら、強火で7、8分加熱する。溶け残りがなければ火からおろし、粗熱をとって冷蔵庫で保管する。

材料

●杏仁みるくシロップ（作りやすい量）

成分無調整牛乳…1ℓ
コンデンスミルク…1000g
グラニュー糖…夏季75g、冬季90g
杏仁霜…大さじ7

杏仁みるくシロップ…適量
杏仁豆腐…スプーン3、4杯
クコの実…3個
氷…適量

盛りつけ

①器の高さまで氷を削り、杏仁みるくシロップをたっぷりと回しかける。

②再び氷を削りらせん状に積んでいき、形を整えて杏仁みるくシロップを軽めにかける。

③杏仁豆腐を大きめのスプーンでたっぷりと盛る。

④再び氷を山盛りに削り、手で形を整えて仕上げの杏仁みるくシロップをたっぷりとかける。仕上げにクコの実を飾りつける。

季節のシロップ

季節ごとに別添えするシロップには、写真のいちごのほか、桃やハチミツレモン、ミックスベリーなどがある。

※価格はすべて税込

Shop Data

01 adito
アヂト

住所：東京都世田谷区駒沢5-16-1　TEL：03-3703-8181
営業時間：12時〜24時（L.O.23時30分）　定休日：水曜（祝日の場合は営業）

東京・駒沢の住宅街で2002年にオープン。くつろげる空間できちんとおいしい手作り料理を提供し、地元客を中心に集客する。新たに提供を始めたかき氷は、定番の「こおり甘酒牛乳」と季節商品の2種類を通年用意。食材を活かした自家製シロップを使い、かき氷の清涼感を損なわないよう素朴でシンプルな構成を心がけて人気を得ている。

スタッフ
日野彰三さん

02 Café Lumière 吉祥寺
カフェ ルミエール

住所：武蔵野市吉祥寺南町1-2-2 東山ビル4F　TEL：042-248-2121
営業時間：12時〜20時　定休日：不定休

こだわりの珈琲店としてカフェ激戦区の吉祥寺の駅前に2012年にオープン。デザートメニュー開発の中から生まれた「焼き氷」は、あっという間にSNSでも話題となり、夏場はお店の開店前にかき氷の予約台帳が埋まる人気ぶり。ケーキ作りの技術を生かしたかき氷は、ムースやクリームなどもふんだんに使われ、10種以上の材料が使われているメニューも多い。

店長
豊川定史さん

03 komae cafe
コマエ　カフェ

住所：東京都狛江市中和泉1-2-1　TEL：03(5761)7138
営業時間：9時〜18時ランチ営業、18時〜21時カフェ営業　定休日：水曜

2015年10月にオープン。子供連れに配慮した店づくりで地域の人たちを集める。安心安全でおいしい食材選びにもこだわり、農家直送のフルーツや自家農園で栽培した無農薬有機栽培の野菜なども使用。かき氷のソースにもこうした食材を使っている。かき氷は通年提供し、約17種類（冬期は約8種類）を用意。二子玉川と台場にて、期間限定でかき氷の販売も行っている。

店長
山田 優希さん

04 蕎麦カフェ＆バル BW CAFÉ
ビーダブリュー　カフェ

住所：東京都新宿区大久保2-7-5 共栄ビル1階　TEL：03-6278-9658
営業時間：平日11時30分〜16時、17時30分〜23時　土曜・祝日12時〜22時
定休日：日曜

女性がひとりでも入れるそば屋づくりを目指している同店。新大久保の表通りから1本入ったところに2014年12月にオープンして以来、目標通り女性客からの支持を集め、現在ではお客の8割が女性となった。その為、デザートメニューの開発にも余念がなく、夏場のかき氷は、3年前からスタート。そば屋らしいオリジナル感を大切にしたメニューで人気を集めている。

店長
鈴木雅和さん

05 Dolchemente
ドルチェメンテ

住所：埼玉県川口市領家3-13-11 ウィンベル1F　TEL：048(229)3456
営業時間：10時〜19時　定休日：火曜

オーナーパティシエの石田英寛さんは業務用厨房機器メーカーの専属パティシエとして活躍後、2011年に地元で開業した。パティスリーならではのかき氷は新鮮なフルーツなどで仕立てる非加熱のソースが自慢で、鮮度を重視し、作り置きは一切しない。夏季限定で2015年から提供しており、店頭のベンチでかき氷を楽しむ人々の姿は夏の風物詩にもなっている。

オーナーパティシエ
石田 英寛さん

06 吾妻茶寮
あづま さりょう

住所：愛知県名古屋市中区大須3-22-33　TEL：052(261)0016
営業時間：夏季11時～19時（土日祝～19時30分）、冬季11時～18時30分（土日祝～19時）※L.O.は閉店の各30分前　定休日：火曜（祝日・夏季は営業）

明治45年創業の御菓子処『吾妻堂』がプロデュースする和カフェ。昔ながらの製法や伝統を守りつつ、現代文化と融合した創作和スイーツがそろう。和菓子素材を活かしたかき氷は、トッピングにいち早くエスプーマを取り入れ、インパクトのあるビジュアルはSNSでも話題に。代表自らが毎朝市場で買い付ける、新鮮な果物をふんだんに使ったメニューも好調だ。

代表
會田 隼さん

07 あんどりゅ。

[あんどりゅ。本店]住所：愛知県名古屋市中区大須3-30-25 合点承知ビル地下1F
[BAR 2世古 with あんどりゅ。]住所：愛知県名古屋市中区大須2-27-34 大須マルシェ1F
[共通]TEL：090(4216)0069　営業時間：11時～20時
定休日：火曜（※最新の営業時間・休業日は店のtwitterで確認）

かき氷専門の本店と、食事やアルコール、釣りも楽しめる2号店を展開。「一番おいしいのは30秒以内」というかき氷は、空気を含ませる高度な削りと組み立ての技術によるもの。季節ごとに、旬の食材を使ったオリジナルシロップを開発し、気軽に食べられるよう価格はすべて税込800円で提供している。

代表
澤幡昇志さん

08 kotikaze
こちかぜ

住所：大阪府大阪市天王寺区空清町2-22　TEL：06(6766)6505
営業時間：9時～18時（17時30分L.O.）　定休日：不定休

大阪の割烹で料理と和菓子を修業した近藤郁さんが2005年に開いた和カフェ。季節の生菓子からランチの松花堂弁当、かき氷の素材の一品一品まで〝手作り〟を徹底する。かき氷は関西にブームが到来する以前から提供。リピーターが多いので「飽きずに楽しめるように」と、かき氷の種類は次第に増え、多い時期はかき氷だけで60種類近くに上る。提供は4月～10月まで。

店主
近藤郁さん

09 かき氷 六花
りっか

住所：兵庫県神戸市長田区駒ヶ林町1-17-20　TEL：070(5340)7098
営業時間：12時～18時　定休日：火曜、水曜

神戸・新長田にある六間道商店街の空き店舗対策をきっかけに、2015年にオープン。季節ごとの素材の味をしっかり楽しめる自家製シロップが人気で、そのシロップと氷をつなぐ役目のみるくシロップをベースにしたメニューが多い。全15～20種がそろい、店主一人で仕込むためフルーツ系は数量限定のものもあるが、「みるく」など定番メニューは基本切らさないよう用意する。

スタッフ
奥野友美子さん

あの超人気かき氷店も御用達!
ブロックアイススライサー「BASYS(ベイシス)」で作るまるでケーキのようなドルチェ氷

マシン1台で見た目や食感に違いが生まれるかき氷マシン。1日400杯を売る人気店『セバスチャン』(東京・渋谷)では、どんなマシンをどのように活用しているのか。その全貌に迫る。

取材協力店
セバスチャン
Sebastian
☎ 03-5738-5740
住所:東京都渋谷区神山町7-15 ホワイトハイム大嵩102／営業時間:平日13:30〜17:00、土日祝日11:00〜17:00

ケーキを思わせるかき氷は、そのインパクトに驚くお客も多い。ふわふわの食感を残しながら、氷が潰れないよう生クリームを塗るにはプロの技が必要だ

　夏季には1日400杯のかき氷を売る人気店が、東京・渋谷にある『セバスチャン』だ。店主は、ケーキのような見た目の"ドルチェ氷"というジャンルを確立した川又 浩さん。「かき氷を成形し生クリームを塗る際、氷をぎゅっと詰めれば形がきれいに仕上がりますが、それだと食感が悪くなる。かき氷のふわふわ感を残すためにも、使用するソースや生クリーム、盛り付け、デコレートすべてに気を配る必要があるのです」(川又さん)。
　スプーンを入れた瞬間のふわっとしたテクスチャーを創出するのが、㈱中部コーポレーションの『ベイシス ロングレー』だ。同製品は、側面や背面を囲わず、高さのあるポール脚2本を採用。このデザインにより、盛り付けしやすいだけでなく、削っている様子が全方位から見えるためライブ感の演出にもつながる。
　「山型のかき氷の場合、はじめを厚く削り、上になる仕上げを薄く削るといった具合に、厚さを都度調整します。『ベイシス ロングレー』は刃物の調整つまみが側面にあるので、作業性もスムーズです」と川又さんは評価する。

いちごとホワイトチョコレートのショートケーキ 1,200円

1
ケーキ型にかき氷を削り入れ、2種のソースをのせる。これを3回繰り返し、空気を抜くように底を叩き成形する

2
表面の氷を削る。この際、氷を潰さないよう表面をパレットナイフでさっと切る

3
表面に生クリームを塗る。上に粉糖、ベリー類を飾る

FINISH!
かき氷、酸味を効かせたイチゴシロップ、ホワイトチョコレートガナッシュを3層に。氷のふわふわ感がしっかり残るよう、生クリームの乳脂肪分量も計算して設計する

いちごのクレームブリュレ 1,200円

1
カスエラにかき氷を削り入れ、2種のソースをのせる。これを3回繰り返し、表面の氷を削り取る

2
上にカスタードクリーム、メレンゲ、きび砂糖を重ね、バーナーで炙る

POINT
メレンゲの層により氷が溶けず、ふわふわの状態を維持できる

FINISH!
フランスの伝統菓子をかき氷にアレンジ。かき氷、カスタードクリーム、イチゴのコンフィチュールで層を作る。上にメレンゲを乗せ、きび砂糖をバーナーで炙りキャラメリゼする

使っているのはコレ！

ブロック氷用かき氷機
初雪・HB600A
BASYS
（ベイシス／ロングレー）

業務用かき氷機として圧倒的シェアを誇る「初雪ブランド」の最新型マシン。手入れがしやすい離脱式カバーに、盛り付けしやすいポール脚は28.5cmを採用する。さらに初雪ブランド最大の大型円盤の導入により、使い勝手が大幅にアップした。

CHECK

2本の高いポール脚を採用するため、盛り付けている様子が四方から見え、演出効果にもつながる。

USER'S VOICE

店主
川又 浩さん

器の大きさ、氷の高さを気にせず思い通りのかき氷が作れます！

ポール脚が長く、高さを出した山型のかき氷を作るのに最適です。また横に脚がないため、器を回しながら削り入れる作業もスムーズ。刃の切れ味もよく、理想的なふわふわ食感を叶えてくれますね。

問い合わせ先⇒ 株式会社中部コーポレーション　HP: https://www.chubu-net.co.jp/food　E-Mail: food@chubu-net.co.jp

ジェラートづくりの達人・根岸 清さんに聞く

ブロックアイススライサー『BASYS(ベイシス)』を使った ふわふわかき氷メニュー開発のポイント

本書で「かき氷のシロップ」企画を監修した根岸 清さんに、
ブロック氷用かき氷機『初雪・HB600A BASYS／ロングレー』を使用した
いま主流の"ふわふわかき氷"づくりと、メニュー開発のポイントについて話をうかがった。

根岸 清さん

　キューブアイス用のかき氷機しか使ったことがなかったという根岸さん。キューブアイス用のかき氷機は、氷の粒が粗く清涼感のあるかき氷になります。今回、株式会社中部コーポレーションの『BASYS／ロングレー』で削ってもらったところ、キューブアイス用の機械の氷の質感の違いに「かき氷マシンの進化を感じた」と話す。

　「スイッチを入れるだけで、いま人気のふわふわなかき氷が簡単に削れるんですね。業務用マシンは衛生面が重要ですが、これは氷がスライドカバーで外気からガードされており、カバーは取りはずして水洗いもできる。シンプルなデザインで手入れがしやすく、安心して使えます」と根岸さん。使い勝手を確認したところで、ふわふわかき氷の開発についてアドバイスをもらった。

　キューブアイス用のかき氷機は粗くしか削れないが、『BASYS／ロングレー』は「刃物調節ツマミ」の操作により、"粗め""細かめ"と削り具合を自由自在に変えることができる。その点に着目し、たとえば夏は粗めに削って、暑い時期に向くすっきりしたのど越しのかき氷に。冬はきめ細かくふわふわに削って、寒い時期に好まれるミルクベースのリッチなシロップをかけたかき氷に。季節で変化する味覚に合わせたメニューも開発できる。

　また、ふわふわのかき氷は低原価も実現可能だという。「粗く削ると氷の重量が増える分、シロップもたくさん必要になりますが、ふわふわの氷は軽いのでシロップの量は少なくて済みます。低コストでこだわりの素材を上手に選べば、原価を抑えつつ商品価値を高められるでしょう」とアドバイス。

　こうした視点で提案してもらったのが写真の2品。『杏仁のかき氷』は杏仁霜を使ったシロップで杏仁豆腐の味わいを表現した中華風のかき氷。『酒の華のかき氷』は酒粕を活用した和風のかき氷。2品ともミルキーなシロップの質感がふわふわ氷によく合い、生のフルーツを使うよりロスが少なく、原価も抑えられる。

　「業務用マシンを使って店の特色を出したかき氷の提供は、他店との差別化やメニューの新たな魅力づくりに繋がると思います。口直しにもぴったりなので、かき氷専門店やカフェ以外に中華や和食店でもメニュー化を検討するといいのではないでしょうか」。

杏仁のかき氷

牛乳、グラニュー糖、脱脂粉乳、杏仁霜で作ったシロップを氷の間と上にかけ、クコの実煮とパイナップルをトッピング。杏仁豆腐のようなやさしい味わいが楽しめ、後口はさっぱり。人数分をまとめて削って少量ずつ盛りつけ、中華料理の締めに出しても喜ばれそうだ。

酒の華のかき氷

雪のように削った氷の間と上に酒粕で作った濃厚なシロップをかけ、アクセントに黒豆と金箔、生姜の求肥をトッピング。華やかな酒粕の香りは外国人にも人気とのこと。人気の酒蔵の酒粕を使って付加価値を上げたり、地元にある酒蔵の酒粕で地域性を高めたりもできる。

軽くてふわふわな食感のかき氷に、ミルキーなシロップは相性抜群。リッチな食べ応えで冬でもおいしく食べられる。

「削っている様子がよく見え、盛りつけもしやすいですね。上質でふわふわの氷が誰でも削れるので、専門店以外の業態で導入しても活躍しそうです」と根岸さん。

CHAPTER 4

行列店のかき氷バリエーション

VARIATIONS

※各店のShop Dataは158ページを参照

10 Variation

Cafe&Diningbar
珈茶話 kashiwa

CAFE&DININGBAR KASHIWA

ふわふわ氷とフレッシュシロップで魅了！
日光の天然氷など地場食材でつくるかき氷

　日光市にある『珈茶話』のかき氷は、主に地場産の素材を使うことにこだわったものだ。同店の二代目である柏木純一さんは、自身が生まれ育った日光のブランド向上を目指し、カフェの仕事を通して地場産業の振興に取り組んでいる。10年ほど前にかき氷の提供を始めたのも、氷づくりの文化を継承していくため。冬場は氷の蔵元に自ら出向き、切り出し作業にも参加する。「氷づくりに携わることで、お客様に天然氷の価値やおいしさを直に伝えることができます」と柏木さん。同店で使用する『四代目 徳次郎』の天然氷はほのかな甘味があり、硬く凍らせる技術によって、ごく薄くふわふわの食感に削れるのだという。

　かき氷に欠かせない自家製シロップも、いちごやりんご、プラム、ブルーベリーなど、栃木の農産物を積極的に使用。農家から直接仕入れ、不揃いだったり熟しすぎたりといった規格外の農作物もシロップにむくものが多く、ムダなく有効活用している。

　同店のかき氷のラインナップは、旬のフルーツを使った期間限定メニューから、トマトやエスプレッソを使ったものまで多彩。昼夜でメニューを分けており、各時間帯で10種類ほど用意し、夜のバータイムはカクテルかき氷なども登場させて新たな味わい方を提案中だ。「かき氷は全世代で楽しめるのも大きな魅力。旅の思い出となる、日光らしいものを提供していきたい」と、今後も"食感・見た目・味"の三感で楽しめるかき氷づくりを目指す。

10
KASHIWA

カクテル用ペストルを使い、いちごの食感が感じられるよう粗くつぶす。作り置きでは出せないフレッシュ感が味わえる。

売価
1500円

Variation 1

生いちごみるく

栃木県名産のフレッシュな「とちおとめ」を使った、12月から5月頃まで提供する期間限定メニュー。日光市内にある池田農園からいちごを直接仕入れ、オーダーごとに1人分約100gを粗めにつぶし、自家製練乳を加えてシロップにする。自家製練乳は、体にやさしいという理由で選んだてんさい糖と牛乳をじっくり煮詰めたもの。氷やシロップそのものの味も楽しんでもらうため、基本的にシロップは別添えで提供する。旬の時期にまとめて仕込んだ「とちおとめソース」のかき氷（1000円・通年提供）もあり、いちごのシーズンだけ味わえるこのかき氷は、毎年食べに訪れる常連を掴んでいる。

氷の間にエスプレッソをかけ、味が薄まるのを防ぐ。氷は刃を調節しながら薄くスライスするように削り、繊細な食感を出す。

売価
1500円

Variation 2

珈琲ごおり（和三盆）

エスプレッソマシンを導入する店の特徴を活かしたかき氷。栃木県内の自家焙煎店から仕入れる深煎り豆でオーダーごとにエスプレッソを抽出し、氷で急冷してかき氷のソースにする。他のかき氷はシロップやソースを別添えにするが、これはコーヒーの味わいを存分に楽しんでもらうため、器の底と氷の間にかけて提供。エスプレッソに甘味を加えていないので、自家製の和三盆糖シロップまたは練乳を添える（選択制）。淹れたてならではのコーヒーの香りや味わい、和三盆糖の上品な甘さが好評。上質さを追求したことで、高単価ながら「生いちご」と人気を二分するメニューになっている。

完熟トマトとてんさい糖だけでつくる、赤色が美しい「トマトシロップ」。自然な甘さが天然氷のおいしさを引き立てる。

売価
700円

Variation 3

トマト

リコピンなどの栄養素を含むトマトを使った、ヘルシーさが魅力のかき氷。主に日光で穫れた完熟トマトを皮ごと使用し、身体が冷えにくいといわれるてんさい糖とともに煮込んでシロップにする。使うトマトは上質で酸味が少ないものを厳選。品種は桃太郎トマトをメインに時期で替わるため、それぞれのトマトの持つ水分量や糖度によりシロップの味にも影響が出てくる。しかし、「農作物は味の変動も醍醐味の一つ」と捉え、その時期らしい味わいを尊重してシロップを仕上げている。素材を活かしたシンプルな味で、野菜らしいおだやかな甘さが「クセになる」と、根強いファンを持つ。11時〜17時まで提供。

香りのよい「クルボアジェ VSOP ルージュ」を使用。約10％のアルコール度数になるよう量を調節し、自家製練乳を合わせる。

売価
1200円

Variation 4

氷アレキサンダー

バーカウンターのある同店では1年前から、カクテルの延長で「オトナカキ氷」と題した4種類のカクテルかき氷を開始。これは、自家製練乳にブランデーを合わせてシロップにし、カクテルグラスに盛ったかき氷に添えて提供するもの。シロップをかけてかき氷を食べ、そのうちに氷が溶けてカクテルとして飲める、2通りの楽しみ方が可能。女性がデザート感覚で頼んだり、2～3次会で来店して注文したりといったケースが多い。ほかに、コーヒーリキュール＋練乳の「氷カルーア」、ミントリキュール＋練乳の「氷グラスホッパー」、アイリッシュクリームリキュール＋練乳の「氷ベイリーズ」がある。17時～22時まで提供。

※価格はすべて税込

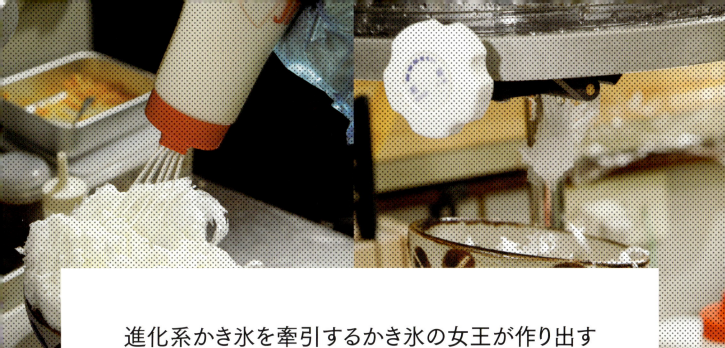

進化系かき氷を牽引するかき氷の女王が作り出す氷の魅力を最大限に活かした、大人のためのかき氷

　もとは食べる側だったが、かき氷に魅了され、間借り営業を経て2016年に中野新橋に『氷舎mamatoko』をオープンした店主の原田麻子さん。今でも年間1600杯以上のかき氷を食べるという。まさに評判通りの「かき氷の女王」。その原田さんの店は、行列のできる超人気店となり、バレンタインやクリスマスなどには、最大3時間待ちとなる。お客の目当ては、原田さんが削るふわふわのかき氷。「かき氷は、氷が主役」と語る原田さん。氷の温度はマイナス5度以上に設定、機械の刃に気を配りながら削る氷は、見た目はもとより、口に入れたときの氷の軽さと口溶けのよさに驚かされる。ソースやシロップは極力砂糖に頼らず、素材の味を活かし、氷の口溶けを引き立てせた味わいで、まさに大人のためのかき氷。調味料も、だしや、しょうゆなどを使ったものを提案するなど、メニューのバリエーションは軽く年間100を超える。今回紹介したメニューのように、コーヒーやチョコレート店などとのコラボレーションメニューや、同店で使用しているオリジナルのかき氷の器を製作した沖縄の工房とのコラボイベントなども行っており、いまの進化系かき氷を牽引しているといっても過言ではない。

　かき氷以外でも、冬の寒い時期だけ提供されるオリジナルスープは、複数杯かき氷を食べた後の締めのスープとして人気が高い。取材時はトマトを使った熱々のグラタンスープ。隠し味に白みそを使って濃厚に仕上げた味わいは、寒い日でも、冷たくなったお腹を温めなおしてくれる（売価450円）。

11 HYOUSHA MAMATOKO

氷、レアチーズ、氷、文旦ソース、ゆずピール、氷、文旦ソース、氷、ゆずピールと、まるでミルフィーユのようにふわふわの氷の層と各ソースが合わさっている。

売価 1000円

Variation 1

文旦とゆずピールのレアチーズ

文旦の薄皮ごと煮込んで作ったソースは、最初の一口目は甘さ控えめと感じるが、酸味、苦み、甘みのバランスが三位一体となっていて、食べ進めるうちに素材そのものの味を引き出していることがわかる。また、文旦の煮込む時間を最小限にとどめている為、口の中で氷と合わさると、よりイキイキとした文旦の風味が広がる。皮の部分は、鹿児島県の銘菓「ボンタンアメ」の会社が作るリキュールに漬けピールに。レアチーズは、クリームチーズに牛乳、生クリーム、練乳、砂糖、レモン等を加えて作ったオリジナル。無農薬ゆずで作ったゆずピールは、食感のアクセントや味変えの効果もある。

ビターチョコレートソースは牛乳の他2種類のシロップを混ぜ、キレのある苦みは残しつつもマイルドな口当たり。見た目はサラッとしたテクスチャー。氷と合わせても分離しない配合を実現。

売価
1200円

Variation 2

エスプレッソとビターチョコのWがけ＋ずんだクリームソース

東京・池袋『Coffee valley』のコーヒー豆と東京・三軒茶屋『CRAFT CHOKOLATE WORKS』のカカオニブを使ったコラボレーションかき氷。エスプレッソの苦みに、85％のカカオを使用したビターチョコレートのシロップ、2つの苦みに合わせたのはずんだ。ずんだのソースは、あえてツブツブ感を残さずサラサラに仕上げ、牛乳、練乳、生クリームで作り上げる。すべてが混ぜ合わさったところを食べると、口の中は、苦みよりもずんだのやさしい味わいが後を引くまさに大人の味わい。器に氷、エスプレッソ、チョコ、氷、ずんだ、氷、エスプレッソ、チョコ、ずんだの順で重ね、どのソースもたっぷりとかかり、最後にふわふわの氷で仕上げる。

11
HYOUSHA MAMATOKO

カットされたばかりのみずみずしいいちごは、氷の中の酒粕クリームの上にもたっぷりとのせられ、食べ進めたときには、中盤の味の要になっている。

売価 **1100**円

Variation 3

生いちごと酒粕クリーム

同店で人気の酒粕を使ったかき氷に旬のいちごを合わせた1品。酒粕は、福岡の山口酒造場が作る「庭のうぐいす」を使用。酒粕の銘柄は固定せず、その時々によって変えている。酒粕のクリームは、生クリーム、牛乳、メープルシロップ、砂糖等を混ぜ合わせ、あえて火入れはせずに作る。まろやかなクリーミィーさの中に、酒粕の風味が活きた味に仕上がっている。取材日は、酸味のある、「とちおとめ」を使用。2種類の甘味料を使い、ごく短時間の火入れで作るソースは、いちごのフレッシュさがあふれる。同店では旬の時期に味わってほしいという思いがあり、いちごの旬である冬〜春先までの季節限定。

かき氷×ホットチョコレートの組み合わせの妙と、その溶けていく様子は、SNSでも話題に。

氷との相性が難しいチョコレートは、分離することなく中に入った具材が顔を出す。まるで宝石箱をのぞくようなワクワク感を味わえる。

売価
1600円

Variation 4

バレンタインボール黒

2019年バレンタイン限定のかき氷の1つ。まず注目してほしいのは、皿の上に鎮座している球体のかき氷。平らな器に対して接地面を極力小さくした。まん丸の氷の中にはラズベリーシロップ、外側にはアーモンドプラリネクリームが全体に回しかけられ、その上にココアパウダーが全体を覆っている。チョコレートボールはカカオ56％のチョコで作られ、中にはラズベリー（生・ドライ）の果肉にいちごソースと、8種のスパイスにドライフルーツ、ナッツをラム酒や蜂蜜で半年間漬け込んだ自家製のミンスミートが入っている。最後にホットチョコレートをかける。まさに芸術作品のようなかき氷になっている。

12 Variation

KAKIGORI CAFE&BAR yelo
かき氷カフェバー イエロ

夜営業のかき氷ビジネスを確立。アルコール系や雨の日限定のユニークなメニューも好評

　『KAKIGORI CAFE&BAR yelo』は、かき氷を夜中まで気軽に楽しめる店として2014年に東京・六本木にオープン。ライトでヘルシーなかき氷を、毎朝お店で仕込まれるyelo特製ミルクソースを加えることで満足感のある究極のスイーツとして提供することを目指した。1年を通して朝から夜中までかき氷を楽しめるとあってオープン当初から話題となり、仕事帰りや食後の2軒目使いとしての利用も多い。夜はアルコール系のメニューも展開し、ラム酒漬けのレーズンをのせ、さらにラム酒をかけた「ラムレーズン」やヨーグルトリキュールやミルクチョコレートキュールを使ったかき氷をカクテルグラスで提供するなど、大人のかき氷も堪能できる。

　かき氷のベースとなる氷は、純氷を使用しており、冷凍庫から一旦出してゆるめてからふんわりと削り出す。かき氷は3層構造で、1層ごとにソースやシロップを組み合わせる。柔らかく口溶けのよい氷に添えるシロップは、いちごなどのフルーツをはじめ、有機にんじんやアボカドなどの野菜を風味豊かに仕立てており、優しい甘みを引き出したyelo特製ミルクソースとの相性も抜群だ。なかでも、野菜系かき氷は女性に人気が高い。メニューは定番4〜7種類、季節限定3〜4種類、夜限定（アルコール系）9種類、雨の日限定1種類を揃えており、100円で追加できるトッピングメニューも7種類提供。マスカルポーネホイップクリームやあずき、グラノーラなどを加えてカスタマイズできるのも嬉しい。

12
yelo

ライムシロップをかけて色の変化を楽しませる。演出効果は秀逸。

売価
950円

Variation 1

ハイドランジア

梅雨の季節を彩る紫陽花を、かき氷で表現したもので、雨季限定だったが、2018年から雨の日限定メニューとして通年提供する。雨が降り出すと問い合わせが多くなるという、知る人ぞ知るかき氷だ。オリジナルの蜜とハーブを合わせた薄紫色のシロップとミルクソースとハーブをミックスさせた青色のシロップを氷にかけ、ハーブエキスで作った薄青色と紫色の2種類のゼリーをトッピングした。演出にも工夫を凝らし、提供時にスタッフが客席でかき氷にライムシロップを回しかけると、ライム果汁の酸性に反応して、赤紫色に変化する。化学反応を利用し、その過程も楽しめ、記憶に残る演出はリピートにつながる。

氷を積んで形成後、マスカルポーネホイップクリームをこんもりとのせる。

マスカルポーネホイップクリームの上に茶漉しでココアパウダーを散らしで仕上げる。

売価
1000円

Variation 2

ティラミスデラックス

ひと口で「ティラミスらしい」とわかるよう、かき氷の中ほどにyelo特製ミルクソース、次にマスカルポーネソース、表面にココアパウダーの順番で仕上げた。毎朝お店で仕込まれるyelo特製ミルクソースは素材のバランスを重視し、香りを立たせたリッチな味わい。マスカルポーネチーズをベースにしたソースはまろやかでコクがある。さらに、ふんわりとしたホイップクリームにマスカルポーネチーズをたっぷりあわせたマスカルポーネホイップクリームをトッピングし、ココアパウダーを振りかけた。定番である「ティラミス」をバージョンアップさせた同店を代表する人気メニュー。

グラスに氷を積んでから丸く形成し、全体にミルクソース、両端に抹茶ソースをかけてから再び氷を積む。

カクテルグラスは容量が小さいため、氷を積む際、詰めすぎて硬くならないように気をつける。

売価
1200円

Variation 3

抹茶ヘーゼルナッツ

京都・利招園茶舗の高級抹茶で仕立てるシロップは甘さの中にも薫り高い苦みが光り、ナッツの芳ばしさが特長のヘーゼルナッツリキュールと抹茶の苦みとミルクソースが口の中で氷と溶け合い、風味が広がる。カクテルグラスに氷を積み、yelo特製ミルクソースを全体に回しかけて形成し、抹茶シロップを左右両端、縦方向に浸透させ、縦縞模様に仕上げる。夜限定のアルコール系かき氷は、2018年冬から新メニュー3種類が追加され、全9種類のラインナップ。果実感あふれるフルーツシロップにリキュールを合わせたメニューも提供し、バーならではのバリエーションが楽しめる。

なだらかな山型に整えた後、頂点から右半分はyelo特製ミルクソースをベースにしたバニラシロップを、左半分はローズシロップをかけていく。

売価
950円

Variation 4

パステルズ

乳白色のyelo特製ミルクソースと淡いピンク色のミルクベースのローズシロップで仕立てた愛らしいビジュアルのかき氷。トッピングにはカラフルな色合いの香川の伝統菓子である「おいり」を散らした。薄いあられ状のおいりを口の中に含むと氷、yelo特製ミルクソース、ローズシロップと溶け合い、ほのかなバラの香りとともに、甘みが広がっていく。パステル調で可愛いフォルムはSNS映えすると評判で、野菜系とともに女性の人気が高い。また、同店ではスプーンにもこだわり、かき氷のすくいやすさと食べやすさを考慮して厳選し、大きめのサイズで提供する。

※価格はすべて税込

Variation 13 和 Kitchen かんな
WA KITCHEN KANNA

優しい甘さの自家製シロップと
個性的で愛らしいビジュアルを重視する

　2013年に東京・三軒茶屋にオープンした『和Kitchenかんな』は、連日行列ができる人気の和食レストラン。日本文化のひとつであるかき氷をメニューに導入し、通年提供するかき氷はメディアやSNSで話題となり、お客が多く訪れる。

　かき氷の味の決め手となるソースは自家製にこだわり、旬の素材はもちろんのこと、酒粕、黒ごま、ほうじ茶など、和食レストランならではの食材を、マスカルポーネチーズやチョコレートソースなどの洋の食材と組み合わせ、栄養価、糖度、口当たりを考慮しながらスタッフみんなで試行錯誤を重ねる。これまでに考案されたメニューは数百種類あり、フルーツや食材の色合いのバランスやビジュアルも重視し、視覚と味覚を刺激する。

　氷は通常、純氷を使用しているが、プラス250円で天然氷に変更可能。同店では日光「松月氷室」の天然氷を使用し、ふんわりとした口溶けがより印象的な、ワンランク上のかき氷も体感できる。

　現在、かき氷は定番メニュー10種類と限定メニュー7種類を揃え、毎月新しいメニューを提供する。なかでも限定メニューの「KKS」（今日の気まぐれシロップ）は和洋の食材や旬の野菜やフルーツのおいしさを凝縮したソースを使った約7種類のかき氷も揃え、個性的なラインナップでバリエーションを広げている。

13
WA KITCHEN KANNA

ボトルの注ぎ口の形状はソースの濃度によって異なり、細い線状のものと太口のボトルを揃えている。

純氷を使用。ふんわりと削り出し、器を回しながら積んでいく。

売価 800円

Variation 1

濃厚紫いも牛乳

鮮やかな紫色のソースが印象的なインパクトのあるかき氷。沖縄県産紫芋を蒸し上げて牛乳でのばし、栄養価を考慮して、てんさい糖でほのかな甘みを加えた。はじめに器の縁まで氷を削り、ミルクシロップを細い線状にかけてから紫芋ソースを太口のボトルから回しかける。氷を重ね、器からはみ出ないように形成し、可愛らしく見える高さに整える。紫芋ソースは上から下まですべて埋め尽くすのではなく、濃厚さとまったり感が見て取れるよう、あえて隙間を開けるようにかけ、金ごまを散らしてアクセントをつけた。シンプルなガラス製の器が紫色のソースと氷のコントラストを際立たせている。

太口のボトルで濃厚ないちごソースを頂点から流していき、鮮明な縦縞模様を描く。

売価
*950*円

Variation 2

BC

マスカルポーネ、いちご、ミルキッシュヨーグルトの3つの味わいが堪能できる。器にベースとなる氷を削り、自家製いちごソースとミルクヨーグルトシロップの順に重ねて氷を盛る。同店では、かき氷のどの部分を食べても中からソースやシロップが味わえるよう、氷を削る順序を組み立てている。また、全体のビジュアルと味を重視し、ほのかな甘さのミルクベースのシロップをまんべんなく回しかけたあと、濃厚ないちごソースを太い縦縞模様に流し、頂点にはホイップした生クリームと合わせたマスカルポーネをこんもりとトッピングし、刻んだ冷凍いちごを散らし、色鮮やかなかき氷に仕上げている。

13
WA KITCHEN KANNA

皿の底に敷かれたチョコレートソースとコーヒー粉は隠し味として活躍する。

5穴のボトルから細い線で放出されるソースは、まんべんなく注ぐことができる。

売価
1000円

Variation 3

rosa（ローザ）

フランボワーズヨーグルトミルクで仕立てたローズソースをメインに、苺レアチーズ、マスカルポーネクリームをトッピングし、フレッシュな薄切りのいちごを花びらのように飾り、フリーズドライのいちごを散らした。皿の底には隠し味としてチョコレートソースとコーヒー粉、ミルクソースが敷かれており、氷を重ね、いちごとマスカルポーネチーズで仕立てたいちごのレアチーズとミルクソースをかけ、再び氷を削り、形成後にローズソースを全体に回しかける。ほどよい酸味と甘さのローズソースといちごのレアチーズケーキ味のかき氷とミルクチョコレートの風味が出会い、口の中で一体化する。

氷は溶けにくいように厚さを微調整しながら削っていく。底は厚め、中ほどは普通、トップは細めに削って構成する。

円盤型の皿は縁の部分にソースなどで飾りができ、遊び心をくすぐる。

売価
950円

Variation 4

キャラメル苺カスタード

皿の底に自家製いちごソース、チョコレートソース、ミルクソースを敷き、キャラメルパウダーを散らして氷を削り、キャラメルソースにミルクソースを重ねる。氷を削り、形成後、キャラメルソースを細くまんべんなく回しかける。円盤型の皿は縁が活用でき、盛りつけにも遊び心が生まれ、キャラメル味のかき氷と一緒に楽しむことができるよう、自家製いちごソースを塗った。キャラメルソースはキャラメルパウダーと練乳でのばしたもので、仕上げの際はかき氷のサクサク感を活かすため、隙間を開けてかけている。ブルーベリーとチャービルを飾り、キャラメル色のかき氷にアクセントをつけ、完成させる。

※価格はすべて税込

Variation 14 氷屋ぴぃす
KOORIYA PEACE

ゼリーコーティングしたフルーツや、オリジナル感あふれる魅惑のかき氷

　1週間〜10日毎に新作を取り入れ、日々メニューに変化を持たせていると話すオーナー兼メニュー開発担当の小林恵理さん。2015年7月にオープンして以来、そのメニュー数は軽く400を超えるという。

　旬の素材はもとより、歳時、花などをモチーフにし、季節感を大事にしたメニュー作りを心掛け、フルーツをソースやトッピングにしたこれまでのかき氷とは、一線を画した進化系かき氷を提案している。厳選した高級フルーツを最大限に活かし、素材を丸ごとゼリーコーティングすることで、鮮やかでいて圧倒的な存在感を持たせることに成功している。中でも「いちご畑でレアチーズ」や、「ふわふわ紫陽花ベリー」、「すみレアチーズ」など見た目の可愛さもさることながら、氷を食べ進めていくと、贅沢な生のフルーツの果肉と果汁で作ったジュレが現れる。一口食べれば、口の中では氷とゼリーの食感の違いや、味の変化、のど越し、余韻が楽しめるように工夫が図られている。

　同店で使用しているスプーンは、金工作家の中村友美さんに特別発注したもの。氷を逃がさずすくうことができ、好みの氷の量を加減して口に運ぶことができる。まさにかき氷のためのスプーン。当たり前のように添えられた1本のスプーンにも、お客への心遣いが込められている。店長の浅野さんやスタッフの方々の細やかな気配り、フレンドリーさが評判をよび、SNS上では、同店のファンによる日々の店情報が更新され、活気をよんでいる。

14
KOORIYA
PEACE

中で使うゼリーは、水分を多めにし、トロッとした柔らかな食感が特徴。フレッシュのいちごは、食感を生かした絶妙な大きさにカットしている。

売価
1400円

Variation 1

いちご畑でレアチーズ（4ヘクタール）

いちごのサイズが小ぶりになる時期限定の大人気メニュー。きれいに揃った小粒のいちごを、縦横美しく並べ、ゼリーで寄せ固める。中で使用するいちごシロップは、酸味や甘みを考えながら数種のいちごと砂糖を使い、火入れせずに仕上げている。器の中は、まずは氷を削り、自家製の特製ミルク、いちごシロップ、生のいちごといちごのジュレ、その上からまた氷を削り、自家製の特製ミルク、いちごシロップ、最後に氷で蓋をし、レアチーズシロップをたっぷりとかけたところに、ゼリーコーティングしたいちごをのせる。写真は別名4ヘクタール（4×4）と呼ばれている。サイズは5ヘクタール（5×5）もあって、その2種から選べる。

シロップも、ジュレも、プリティウーマンめぐみのみで作るリッチな仕上がり。

売価
1600円

Variation 2
プリティウーマンめぐみレアチーズ

希少なレイルビー種といわれる苦み控えめの、高級グレープフルーツ「プリティウーマンめぐみ」を贅沢に使った1品。1房1房、丁寧に薄皮を外したものを、薄くゼリーでコーティング。果肉そのままよりも、艶、瑞々しさが増し、シズル感を強めている。中にも果肉をそのまま使い、火入れせずに作ったシロップをたっぷり使用する。順番に、氷、シロップ、氷、自家製の特製ミルク、レアチーズシロップ、氷、果肉の入ったジュレ、そして氷で蓋をしてから、最後にもう一度レアチーズシロップをたっぷりのせ、ゼリーコーティングされためぐみ1／2個を丸ごとのせる。提供時には、思わず感嘆の声が上がる。

14 KOORIYA PEACE

1粒7cmサイズの「あまおう」は、惜しげもなくカットされ柔らかなゼリーでコーティング。ふわふわの氷との相性は抜群。

売価 **1500**円

Variation 3
あまおうジュレ

同店のいちごシロップは、旬のうちに種類別に冷凍保存しておき、メニューによって色や味のバランスを見て使い分けるというこだわり。同メニューでは、時期によっても多少異なってくるが、平均して2、3種のいちごを使用。火入れはしないで仕上げるため、生のいちごだけに比べて色、酸味、香りがより際立ち、凝縮されたいちごのおいしさが味わえる。氷の中には、いちごシロップと自家製の特製ミルクがふんだんに使われ、贅沢に刻んだ「あまおう」といちごのジュレがたっぷり入っている。提供時には特製ミルクが更に添えられ、食べている途中でいちごシロップの追加（無料）を聞いてくれるのも嬉しい心遣い。

オリジナルのレアチーズシロップは、クリームチーズ、生クリーム、牛乳、練乳を混ぜ合わせて作られる。

売価
1600円

Variation 4

紅マドンナほっぺちゃん

高級素材の「紅まどんな」と、静岡産の「紅ほっぺ」の2つの組み合わせが楽しめるハーフ＆ハーフかき氷。色が濃く、甘みの強い愛媛産の紅まどんなだけで作るシロップは、無農薬レモンの皮を一度茹でこぼしたものを刻み入れ、柔らかな苦みをプラスして全体の味を引き締めている。まず氷の上には、秘伝のレシピで作られている特製ミルクをかけ、その上からレアチーズシロップ、紅まどんなシロップと紅まどんなを使ったジュレ、氷の順でのせて形を作る。側面の半分をいちご、残りの半分は紅まどんなシロップをかけ、頂上には8分立ての生クリームと紅まどんなと紅ほっぺの果肉を飾る。最後にあられ状の九重ゆずをふりかける。

14
KOORIYA PEACE

バーナーで炙りたてのかき氷。最初の一口目は、温と冷の両方が口の中で広がる不思議な食感。

売価
1100円

Variation 5
炙り芋チーズとカスタード

鹿児島産の「紅あずま」を蒸したものを裏漉ししたものに、ブルーチーズと生クリームを組み合わせた。ねっとりとしたなめらかな甘さのさつま芋の舌触りに、ブルーチーズの風味と塩気が対比効果を生み、やみつきになる味と常連客からのリピート率も高い1品。冷やした器に氷を削り、特製ミルク、コクがあるのにさっぱりとしたカスタードシロップをかけ、再び氷を削り、カスタードシロップ、その上に隠し味のミックスチーズを焼いてパリパリのフレーク状にしたものを散りばめ、氷で蓋をし、最後にもう一度カスタードとさつま芋のソースをのせ、砂糖をふりかけバーナーで炙り、表面を飴状にしてパリッと仕上げた。

クラッシュした大豆は、油で揚げてオイル漬けになっているため、クリームや氷と一緒になっても楽しい食感が味わえる。

売価
1100円

Variation 6

福は内

節分にちなんだ大豆を使った人気メニュー。北海道産の大豆は、皮を1つずつ丁寧にむいたものを叩き、中〜高温の油で揚げ、カリッとした食感を持たせてからオイル漬けにした。シロップは、沖縄産の黒糖を地域別に使い分けて作ったこだわりの黒蜜。きなこは通常よりも、香ばしいものを使用。どれも選び抜かれ、手間暇かけた具材になっている。まずはふわふわの氷を器の底に敷き、自家製の特製ミルク、黒蜜、オイル漬けの豆、きなこを順にのせ、再び山高に氷をのせたら黒蜜を回しかけ、その上からオイル漬けの豆と、7分立ての生クリームをたっぷりとかける。仕上げは、黒蜜ときなこで飾りあげる。

15 Variation

二條若狹屋 寺町店
NIJOUWAKASAYA

CHAPTER 4 行列店のかき氷バリエーション

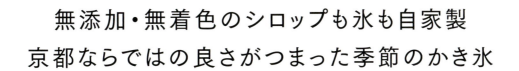

無添加・無着色のシロップも氷も自家製
京都ならではの良さがつまった季節のかき氷

　京都の老舗和菓子屋『二條若狭屋』が2013年に開いた寺町店は2階に茶寮を併設する。「茶寮でかき氷を提供したい。まずは京都を代表する和の〝抹茶〟のかき氷から」と提案した店長の大石真由美さん。それに対して「抹茶をはじめ、メニューとして提供するならどこにも引けを取らないものを」という『二條若狭屋』代表の鶴のひと声で、抹茶に関しては、地元で日頃から付き合いのある3つの日本茶専門店から一級品を仕入れ、独自配合の濃茶シロップを完成させた。寺町店オープン当時、市内にはかき氷を年中提供する店が数えるほどしかなかったため、初年度から通年提供を決めた。「当店のかき氷は無添加・無着色を貫いています。素材の味を活かし切ることを大切にしているので、レシピに頼ることなく毎年イチから作るつもりで素材と向き合っています」(大石さん)。日頃から様々な砂糖を扱っている和菓子屋の強みを活かし、各種シロップには最適な砂糖を選んで使用。春には桜、秋はもみじを模した飾り羊羹や、せんべい、あられなどの和菓子を取り入れつつ、和系からフルーツ系、デザート系まで趣向を凝らしたかき氷を数多く作り出している。特筆すべきは、氷に京都の地下水を使用していること。氷専用の冷凍庫を完備し、くみあげた地下水を－4℃から－7℃の中でゆっくり3、4日かけて凍らせる。京都の水を使った氷なので、シロップに使用する抹茶・ほうじ茶・煎茶など京都のお茶はもちろん、「京とうふ氷」に使用する豆腐など、京都で作られる素材との相性は抜群だ。常時6〜15種類のかき氷を提供している。

15
NIJOUWAKASAYA

Swanの氷削機を電動式と手動式の2台導入。氷は冷凍庫から取り出した後、常温にしばらくおいて透明になってから使用している。

売価
1200円

Variation 1

トマトヨーグルト氷

甘いトマトシロップとさっぱりとしたヨーグルトシロップの左右2層仕立てで、紅白の色合いのみならず味のコントラストも絶妙。プチトマトを飾って夏らしく仕上げた。「太陽をいっぱい浴びた真っ赤なトマトを、かき氷に合うようにデザートシロップに仕立てました」(店長・大石さん)。トマトシロップには味も濃いトマトを厳選、シロップを口に含むとトマトのジューシーさやフルーティーさがしみわたる。トマト嫌いの人が注文し「これなら食べられる!」と喜ばれたことも。毎年7月頃提供。野菜を使ったシロップのかき氷は他に「炙りかぼちゃ氷」「柿アボカド氷」「そら豆氷」などがある。

「まずはそのまま、その後お好みで色々かけてお召し上がりください」と大石さん。だし醤油には一番だしを使用、写真下は黒蜜・きな粉の甘味セット。

売価
950円

Variation 2

京とうふ氷

氷に豆腐を組み合わせる!?という斬新さから注文する・しないが分かれるメニューだが、毎年提供シーズンの10月頃には固定ファンが食べに訪れる、密かに人気のかき氷。ほんのり甘い豆腐のシロップがかかった氷を薬味とともに、または甘味をかけて食べる。「金ごま・青ねぎ・糸花かつお・だし醤油」の薬味セットまたは「黒蜜・きな粉」の甘味セットが選べる。薬味をかければ冷や奴風に、甘味をかけるとデザートに。京都は全国的にも豆腐専門店が多い地域で、京都の豆腐と店の氷はどちらも製造工程で京都の地下水が使われることから相性の良さに目をつけ、開発した。

15
NIJOUWAKASAYA

器に寒天、赤えんどう豆、刻んだ栗とあんを入れ、上に氷を削っていく。

売価
1400円

Variation 3

あんみつ氷 〜もみじ狩り〜

季節ごとにシロップやデザインが変わる「あんみつ氷」の秋バージョン。濃茶シロップともみじの羊羹で秋の京都を表現した。一級品の抹茶を独自にブレンドした濃茶シロップを組み合わせ、もみじを模した『二條若狭屋』特製の羊羹でデコレーション。同店の和菓子職人が炊き上げたあんがのったあんみつが中に入っている。別添えの黒蜜はあんみつ用だが、かき氷にかけて食べても。梅雨、大文字の送り火、紅葉、クリスマス、正月など四季折々をさまざまなシロップと羊羹などの和菓子で表現する「あんみつ氷」は通年お客を魅了している。

氷の中には刻んだフルーツが3、4種類入っている。取材時はいちご、りんご、キウイ、凍らせたみかんゼリーが入っていた。

売価
*1400*円

Variation 4

彩雲

ふわふわの雲のような形をした氷に、5種類もの時季折々のシロップをかけて楽しむかき氷なので「彩雲」と命名。最後まで飽きずに味わえるようシロップを5種類添えている。シロップはフルーツ系3種とその他2種が基本で、取材時は左からべっこう飴、甘酒(ノンアルコール)、いちご、ダイダイ(柑橘)、キウイのシロップ。「べっこう飴のシロップは人気のため常にご用意しています。また、できる限りその時のラインナップにないフルーツや砂糖を使ったシロップをご用意しています」(大石さん)。シロップは他に黒糖ミルクや抹茶ミルク、フルーツ系だと季節によりピンクグレープ、りんごなどを用意する。

※価格はすべて税抜

Variation 16 べつばら
BETSUBARA

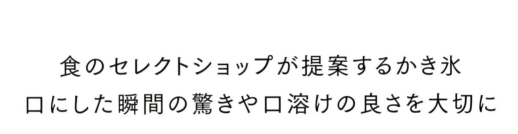

食のセレクトショップが提案するかき氷
口にした瞬間の驚きや口溶けの良さを大切に

　パンとお菓子のセレクトショップとして2013年にオープンした『べつばら』。パンとお菓子だけでなくかき氷も今や同店になくてはならない存在だ。かき氷は1月・2月を除いて提供しており、大人気の「桃氷」などを提供する7月〜9月のハイシーズンには、店頭で朝11時から行う予約（予約表への記入）が、早くも午前中で当日分が満席となる。客席は9席あり、混み合う時でもおかわりの注文には出来る限り応じ、最近では違う種類のかき氷を2個楽しむのがここでの主流という。

　パンは夏に売上が下がるため、それを補う商品として2014年夏から提供を開始。店主・井原百合子さんは「かき氷がおいしかったお店がいずれもSwanの氷削機を使っていた」ことからSwanを導入した。「食べた瞬間、味わいや食感にハッと驚き、驚いている間にサッととける氷が理想」「氷の羽が折り重なっているように見えて、羽ごとの食感の違いまで楽しんでいただきたい」と話す。また「かき氷としてのおいしさを残しておきたい」と、氷とのコントラストが出るようにシロップをかけるのもポイント。シロップやクリームは自家製で、冷たくともしっかりとその味わいを感じ取れるように「おいもクリーム」氷には焼き芋、「モンブランミルク」氷には甘栗を使うなど素材選びにも余念がない。「最後のひと口までおいしい」ことを意識して甘さを加減し、食べ飽きないように一品一品、中にクリームやあんなどをしのばせているのも『べつばら』のかき氷の大きな特長だ。定番のレアチーズ系、フルーツ系、限定氷など約6種類のかき氷を提供している。

16
BETSUBARA

器に氷を1/3程度削ったら、レモンシロップとレアチーズシロップをかけて、柑橘の果肉または季節のフルーツ（取材時は温州みかん）をのせる。

売価
900円

Variation 1

レモンレアチーズ

「ミルク系でもヨーグルト系でもない氷を作りたくて」と考案、通年提供するレアチーズシロップを使ったかき氷の一種。夏期はレモンやパッションフルーツ、冬期はレモンやラズベリーとの組み合わせを用意する。この「レモンレアチーズ」は、上に旬の柑橘と金柑の甘露煮がのり、中には旬の柑橘または季節のフルーツが入っている。レアチーズと相性抜群のレモン、みかん、金柑など柑橘がふんだんに使われている点がポイント。レモンシロップはフレッシュレモンを使うと味がとがりすぎるためレモン果汁を使用。さっぱりとしたやさしい甘味のレアチーズシロップに、ほんのり酸味のあるレモンシロップがよく合う。

中に入れる「おいもあん」は、おいもクリームよりもねっとりとした食感。

売価
900円

Variation 2

おいもクリーム

スイーツ系かき氷の中で初めて大好評を得たのがこの「おいもクリーム」のため店主・井原さんにとって思い入れのある一品。圧倒的に女性客に人気がある。練乳シロップがかかった氷に、たっぷりのおいもクリームをかけ、自家製のメープル塩クルミをのせ、仕上げにメープルシロップをかけて完成。中には「おいもあん」が入っている。当初はアーモンドをトッピングしていたが、口溶けの良い氷とのバランスを考慮しクルミに変更。甘いおいもクリームに対し、クルミに絡めた塩がアクセントに。おいもあんとおいもクリームに使うのは「焼き芋」で、芋の味を存分に楽しませる。提供は秋から冬まで。

16
BETSUBARA

中にモンブランクリームと栗の渋皮煮、自家製のカシスジャムを入れる。

売価
1000円

Variation 3

モンブランミルク

練乳ミルクがかかった氷に、たっぷりのモンブランクリームをかけ、栗の渋皮煮とビスケットを飾る。中にもモンブランクリームと栗の渋皮煮が、さらにカシスジャムも入っている。カシスを組み合わせたモンブランケーキからヒントを得て構成した。「かき氷は冷たいので、そこにかけるクリームやシロップの味は常温のものに比べて感じ取りづらい。そこで、クリームやシロップを作る上では素材選びが重要になります」と井原さん。モンブランクリームは、市販のクリームやモンブランペーストでは風味が弱いため「甘栗」で仕込んでいる。秋から冬にかけて提供し、「おいもクリーム」と並んでリピーターが多い一品だ。

氷にピスタチオシロップと練乳ミルクをかけて、金柑とチョコクランチをトッピングする。

売価
1000円

Variation 4

クリスマス氷 〜ピスタチオとフランボワーズ〜

2018年のクリスマスシーズンに提供したかき氷。香ばしいピスタチオシロップと風味豊かなフランボワーズシロップ、練乳ミルクがかかる。上にはシロップと洋酒でマリネしたいちごがのり、中には金柑とチョコクランチが入っている。ピスタチオシロップが濃厚なので、ここで使う金柑はさっぱりとしたフレッシュのもの。カリッとしたチョコクランチの食感もアクセントに。ピスタチオシロップはローストピスタチオやピスタチオペースト、フランボワーズシロップは100％フランボワーズピューレで仕込んでいる。「クリスマス氷」は毎年内容が変わる。

※価格はすべて税込

17 *Variation*

kakigori
ほうせき箱
housekibaco

こだわり抜いた奈良産中心の素材や
遊び心あるネーミングで個性を発揮

　関西を代表するかき氷専門店として定評がある奈良市ならまちの『ほうせき箱』。奈良の古い言葉でおやつを〝ほうせき〟といい、「人を幸せにするほうせき（かき氷）をたくさんの人に届けたい。そして、かき氷を奈良の食文化として定着させたい」との想いをその名に込めた。

　『ほうせき箱』の大きな強みは搾りたてのミルクや朝採りの果物、特産品の甘酒やゆず酒など、奈良産を中心とした良質の素材を使用していること。これらを吟味するのは共同オーナーの岡田桂子さんと平井宗助さん。二人は氷と縁が深い氷室神社（奈良市）で毎年恒例となったかき氷イベント「ひむろしらゆき祭」の企画・運営に当初から携わる立役者だ。

　『ほうせき箱』で提供するかき氷は正月、節分、バレンタインなどイベント限定氷と旬の果物を使った氷など6〜8種類。「琥珀パールミルク氷」や「リトマス試験紙氷」などキャッチーなネーミングでもお客を惹き付け、ハイシーズンの夏季は1日200杯〜350杯を売り上げる。「私自身やわらかい氷が好きで、当店でもやわらかい氷を、幸せそうな〝ふっくら〟とした仕上がりを意識しています」と岡田さん。氷のやわらかさを引き立たせるポイントは、氷に対してシロップを全体にまんべんなくかけることだという。雑誌や地方の名店などとコラボしたかき氷を店やイベントで提供する機会も多く、岡田さんは「奈良だけでなく、イベントへの出店を通してご縁ができた各地の良質な食品や農産物を、かき氷を通して発信していきたい」と話す。

17
housekibaco

中部コーポレーション製「Hatsuyuki」の氷削機は下部の空間が広く使えるので氷を削りやすい。まめにアフターサービスに対応してもらえる点も気に入っている。

ミルクシロップとミルクエスプーマに使うのは明治16年創業の植村牧場(奈良市)の搾りたての低温殺菌牛乳。

Variation 1

琥珀パールミルク氷

売価
810円

withコーヒーゼリー
売価920円

高品質の牛乳で作るミルクシロップ&ミルクエスプーマのおいしさと氷のやわらかさが醍醐味のかき氷。氷のやわらかさが引き立つように、中には具を入れず、氷・シロップ・エスプーマのみで構成している。「まずはそのまま、続いてカラメルをかけてお召し上がりください」と店主・岡田さん。別添えの自家製カラメルをかければ、カラメルのほろ苦味やローストナッツに絡めた塩と食感もアクセントになり味の変化が楽しめる。シロップとエスプーマに使用する牛乳の成分の関係で時期によりミルクエスプーマにパールのような輝きが出ること、またカラメルを琥珀に見立てて「琥珀パールミルク」と命名した。

お客自身で柑橘果汁をかけて色の変化まで楽しんでもらう。氷は72時間かけて作られる日乃出製氷(奈良市)の純氷だ。

売価
920円

Variation 2

リトマス試験紙氷

バタフライピー(ハーブティーの一種)を煮出して作るシロップがかかったかき氷に柑橘果汁をかけると、アントシアニンがクエン酸に反応し色が変化する様をリトマス試験紙に見立てている。ユニークなネーミングがヒットを後押しした。氷の中間層にはゆずやレモンなどその時の柑橘シロップを、また上にのせる果物によってキウイシロップも使用する。上だけでなく中にも旬の果物(取材時はいちご)とヨーグルトエスプーマが入っている。柑橘(取材時はゆず)を入れたハンドジューサーとともに提供。ゆず酒(写真左奥)を添える「大人のリトマス試験紙氷」は970円。色が寒々しいため真冬以外に提供している。

17
housekibaco

奈良市京終町にある江戸末期創業の味噌・醤油蔵、井上商店が作る「はしへいの甘酒」をたっぷり入れる。

売価
920円

Variation 3

大和抹茶ミルク氷

シロップに使われる牛乳、抹茶、中に入れる甘酒まですべて奈良県産にこだわって作り上げた抹茶ミルク。氷を削り、ミルクシロップをかける、という工程を2回繰り返した後、「はしへいの甘酒」を入れ、上にミルクエスプーマをたっぷりしぼり、再度氷を削って、奈良産の抹茶で作る大和抹茶みつをたっぷりかける。表面に一切具が乗らないので大和抹茶みつが引き立っている。シンプルな氷が好きという人や奈良へ観光に訪れた人、外国人観光客などからオーダーが多い。ノンアルコールの甘酒を使っているので子どもも楽しめる。通年提供する定番のかき氷だ。

氷にミルクシロップといちごシロップをかけ、いちごをのせた後、ミルクエスプーマをしぼる。

売価
1190円

Variation 4

奈良いちご氷

年末～4月上旬頃までのいちごのシーズン中、オーダーの8割を占めるのが奈良の朝採りのいちごを使ったかき氷。いちごはオーナーが毎朝契約農家を回って仕入れており、取材時は奈良ブランドの「古都華」と「あすかルビー」の他に「あきひめ」という3つの品種が使われていた(使用する品種は仕入れ状況により変わる)。紅色の色鮮やかなシロップは、地産のいちごのブレンドシロップ。かき氷1個に対して使われる生のいちごは約3.5粒。いちごシロップ×ミルクエスプーマ×いちごが中と表面とで2層になっている。いちご尽くしの何とも贅沢なかき氷だ。冬期は「いちごカスタード氷」970円なども提供。

※価格はすべて税込

18 *Variation*

おいしい氷屋
天神南店
OISHII KOORIYA

自社ブランドの純氷をフルに活かす専門店
秋冬は多彩な季節限定メニューで集客を伸ばす

　1946(昭和21)年に創業した製氷会社、九州製氷が直営。自社ブランドの氷「博多純氷」をエンドユーザーへ直接訴求したいと出店を決めた店で、1号店の唐人町店を2016年4月にオープン。その後、2017年11月に開いたのが天神南店だ。

　かき氷の肝となる「博多純氷」は不純物を排除しながら72時間以上かけてゆっくりと凍らせることで、氷純度を99.9％まで高めた自慢の氷。溶けにくく、不純物がほとんど含まれていないので、それぞれのシロップの味わいを引き立てる。そんな氷を削るマシンには「Hatsuyuki」のベイシスシリーズを採用。天神南店の店長・長勇太さんは「当社の氷には、より薄く、フワフワした食感に削ることができるベイシスが合っていると感じ、同機の導入を決めました」と話す。

　かき氷は、レギュラーメニューを7種類展開。秋冬は限定メニューをプラスし、トータル14種類ものバリエーションを用意する。「かき氷に特化した当店は、秋冬が春夏に比べて集客が伸びません。そのため、秋冬にしか食べられないという付加価値をプラスすることで、オフシーズンにご来店いただくきっかけの一つにしています」と長さん。季節限定メニューの開発は、店舗スタッフの発案によるもので、特に「ビジュアルを含めて、女性目線に立ったかき氷の売れ行きが良い」と続ける。

　福岡に1年を通してかき氷を楽しむ文化を根付かせた『おいしい氷屋』。2018年5月にはかき氷の聖地・台湾に海外1号店をオープンさせるなど、着実に人気店へと成長している。

器の底に入れるバニラアイスは、氷が溶け始める頃に存在感を放つ。少量ふりかける粗目に挽いたコーヒーがアクセントに。

母体である製氷会社、九州製氷のブランド氷「博多純氷」。氷純度99.9%と、不純物はほぼ排除されている。

売価 750円

Variation 1

豆香洞コーヒーかき氷

味わいの決め手のコーヒーソースのベースは、福岡の人気ロースタリー『豆香洞コーヒー』のフレンチブレンドから抽出したエスプレッソ。原料のコーヒー豆からこだわるのをはじめ、メニュー作りに際し、『豆香洞コーヒー』の焙煎士・後藤直紀さんの知見も取り入れた本格派のコーヒーかき氷だ。コーヒーソースは深煎り豆由来の苦味、キレを活かし、甘味は自家製ミルクソースで補っている。上にトッピングするのはマスカルポーネソースで、氷と一緒に味わうとティラミス風に。氷を削り、ミルクソースをかけ、また氷を削るという行程を繰り返すことで、ムラのない味わいに仕上げている。

九州産小豆を使った粒あんを器の底にしのばせている。小豆の風味、香りを重視しており、きな粉と相性抜群だ。

氷削機は中部コーポレーション製「Hatsuyuki」のベイシスシリーズを採用。スタート・ストップのスイッチをフットペダル式に改造したことで、両手が自由に使える。

売価
*750*円

Variation 2

おいしいきなこ

1年を通し提供しているレギュラーメニューの一つで、ひと口目からしっかり広がるきな粉の香ばしさが特長。氷の内部には甘味強めのミルクソースを少量、糖度を控えめに仕上げたクセのないオリジナル糖蜜をかけ、甘さに奥行きとコントラストを生み出す。表面にかけるのはきな粉ソースと粉末状のきな粉。「粉末状のきな粉はかけすぎると口当たりが悪くなるので、風味をプラスする程度にほどよくかけるのがコツです」(店長・長さん)。器の底にしのばせた白玉と粒あんが最後まで和のテイストを主張。さらに、クラッシュしたアーモンド、カシューナッツ、クルミを上からかけ、香ばしさを引き立たせている。

かき氷の中心にチョコレートムース、ホイップクリームをしのばせ、最後までチョコレートの味わいが続くように工夫している。

回転台の上にのせてホイップクリームを塗っていく。手間暇と時間がかかるため、冬場しか提供できないメニューだ。

売価
950円

Variation 3

チョコ＆ホイップ

2018年のクリスマスシーズンに限定メニューとして登場し、評判が良かったため、翌年の2月頃まで提供。器の底にチョコアイス、氷の間にチョコムースと、チョコづくしの一品。氷の表面にたっぷりとホイップクリームを塗り、その上にカカオの味わいが濃厚なチョコレートをかけており、まるでケーキのような仕上がりだ。味のベースは『豆香洞コーヒー』の豆を使うエスプレッソにミルクやチョコなどをミックスしたカフェオレ風のソース。チョコをたっぷり使用するため、ソース自体の甘さはやや控えめにし、ビター感を重視している。上にふりかけるクラッシュアーモンド、中に入るチョコフレークの食感がアクセント。

すりおろした生姜をハチミツに3日以上漬け込んだハニージンジャーが味わいの決め手。器の底にしのばせるほか、全体にかけるソースのベースにもなっている。

売価
950円

Variation 4

ソイジンジャー

豆乳が原料の台湾スイーツ「豆花(トウファ)」に、ハチミツ仕立ての濃厚な自家製ハニージンジャーをかけ、その上に氷を削っていく。氷の中心にはレギュラーメニューの「おいしいきなこ」にも使用する粒あんが入り、ほどよい甘味をプラス。ソースはハニージンジャーをベースに、豆乳、黒糖をブレンドしたオリジナルで、甘さは控えめ。豆乳由来のあっさりとした味わいが特長だ。氷の上には豆乳ホイップと抹茶味の生八ツ橋、しぼり豆をトッピング。冬限定メニューとして2019年2月に登場したチャレンジメニューで、牛乳の代わりに豆乳を使うことで乳製品アレルギーの人でも食べられるようにしたのもポイント。

Shop Data

10 Cafe&Diningbar 珈茶話 kashiwa

住所：栃木県日光市今市1147　TEL：0288(22)5876
営業時間：11時〜22時　定休日：水曜

1982年に喫茶店として開業し、現在はカフェ＆バー業態で営業。昼は洋食や素材にこだわったフレンチトーストなど、バータイムとなる夜はカクテルなども揃え、幅広い客層を集める。同店の二代目、デコリスタでラテアーティストの柏木純一さんが手がける3Dラテアートや日光天然氷のかき氷がSNSで反響を呼び、近年は国内外の観光客も多く来店。店内では随時ライブイベント等も開催している。

店長　柏木純一さん

11 氷舎mamatoko

住所：中野区弥生町3-7-9　twitter：氷舎mamatoko（@hyoushamamatoko）.
営業時間：平日14時〜19時（18時30分 L.O.）、土・日・祝13時〜18時（17時30分 L.O.）
定休日：水・金曜

中野新橋から徒歩7分の住宅街に小さく佇む同店は、開店前から常に長蛇の列ができる人気ぶり。今でも年間1600杯以上のかき氷を食べ歩く店主の原田さん。バリエーション豊かなメニューは、常時20〜30種。氷を大切にし、素材の味わいを生かした大人のためのかき氷店。カウンターとテーブル合わせて9席。

店主　原田麻子さん

12 KAKIGORI CAFE&BAR yelo （かき氷 カフェバー イエロ）

住所：東京都港区六本木5-2-11　パティオ六本木1F　TEL：03(3423)2121
営業時間：11時〜翌5時　L.O.4時30分（日・連休最終日〜23時）　定休日：無休

2014年に東京・六本木にオープンしたカフェ＆バー。店名の「yelo」はスペイン語で「氷」を意味し、都心で深夜までかき氷を楽しめる店として人気となる。夜にはアルコール系かき氷も提供し、彩り鮮やかな1杯はSNS映えし、男女を問わず、20〜30代の客層を中心に支持されている。大手コンビニエンスストアとのかき氷のコラボ商品の販売実績もある。

店長　小方美花さん

13 和Kitchen かんな

住所：東京都世田谷区下馬2-43-11　COMS SHIMOUMA 2F
TEL：03(6453)2737　営業時間：11時〜19時　定休日：水曜

2013年に東京・三軒茶屋にオープンした和食レストラン。開業約1年後から日本文化のひとつでもあるかき氷を通年提供する。焼き魚などのランチメニューも好評で、昼時は約6割が食後にかき氷を注文する。和洋の食材や旬の食材を組み合わせた自家製ソースとビジュアルで人気を博す。沖縄店では、「沖縄パッションマンゴー」など、地元食材を使ったかき氷も提供する。

店長　石井雄さん

14 氷屋ぴぃす

住所：武蔵野市吉祥寺南町1-9-9じぞうビル1階
twitter：氷屋ぴぃす（@kooriya_peace）
営業時間：火〜木・土日10時〜18時（17時30分 L.O）金10時〜20時（19時30分 L.O）
定休日：月曜（祝、祝前日は営業。その場合は翌日）

吉祥寺の駅前大通りから、1本裏手のビルの中に2015年7月にオープンした同店。開店と同時に行列ができる人気ぶりで、遠方からのお客や地元客も多く、リピート率が非常に高い。季節感を大事にしたメニューが多く、常時10種前後を揃えている。果物をゼリーコーティングしたかき氷は、SNS映えすると話題。

店長　浅野由実さん
スタッフ　山田遼平さん

15 二條若狭屋 寺町店

店長
大石真由美さん

住所：京都府京都市中京区寺町通二条下る榎木町67　**TEL**：075(256)2280
営業時間：茶寮10時〜17時30分(17時L.O.)　**定休日**：水曜

大正6年の創業から今日まで4代100年にわたり継承される和菓子店。寺町店は1階が和菓子の販売所、2階の茶寮でかき氷を含む甘味を提供している。かき氷の中でも特に人気なのが炙りかぼちゃ氷、炙りブリュレをのせた赤りんご氷、いちご氷。京とうふ氷や黒豆氷、白みそ氷など京都らしいかき氷も評判だ。関西をはじめ各地からリピーターが訪れ、特に夏季は混み合う。

16 べつばら

店主
井原百合子さん

住所：大阪府大阪市西区新町2-17-3　**TEL**：06(6531)3171
営業時間：11時〜18時、かき氷の提供は13時〜17時30分L.O.(※売り切れ次第終了)
定休日：日曜、月曜

パンとお菓子のセレクトショップ。大阪・帝塚山の『オーガニックパン工房それいゆ』や平野の『トロワ』から仕入れる各種パンをはじめ、体にやさしい焼き菓子を中心としたお菓子と食材をセレクトしている。かき氷は50種ほど提供実績があり、1月・2月を除いて提供。夏季は店頭で行われる事前予約がベター。客層は20代〜50代の女性客が9割を占めている。

17 kakigori ほうせき箱

共同代表
岡田桂子さん

住所：奈良県奈良市餅飯殿町47　**TEL**：0742(93)4260
営業時間：10時〜20時(19時L.O.、売り切れ次第終了)　**定休日**：木曜

2018年3月に現在地に移転、カウンターとテーブルを合わせて36席有するかき氷専門店。体が冷えないよう、かき氷には年中暖かいお茶を添える他、客席の足もとにはパネルヒーターを完備。かき氷に使用する食材やオリジナル雑貨の販売も行っている。ハイシーズンの夏季は当日朝に整理券を配るシステム。秋冬は土日祝の午後を除き、整理券がなくても入店可能な時間帯が多い。

18 おいしい氷屋 天神南店

店長
長 勇太さん

住所：福岡県福岡市中央区渡辺通5-14-12 南天神ビル1F
TEL：092(732)7002　**営業時間**：11時〜19時(18時30分L.O.)
定休日：月曜(祝日の場合は翌日)

福岡において通年かき氷が楽しめる専門店の先駆け的存在。老舗製氷会社の直営だけありメニューはかき氷に特化。ハイシーズンは2〜3時間待ちもざらの人気ぶりだ。1年中提供するレギュラーメニューは7種あり、「八女抹茶」750円、「あまおうイチゴミルク」750円(各税込)など、福岡ならではの素材を使うかき氷が特に評判。1号店の唐人町店は冬季は休業し、3月から営業を再開する。

MONIN シロップが味の決め手!
モナン
抜群のご馳走感で大人気の韓国かき氷

デザート カフェ『SNOWY VILLAGE 新大久保店』は、インパクトのあるビジュアルとふわふわでクオリティの高いミルクかき氷が人気を集めている。メニュー作りに欠かせないのが、日仏貿易㈱が取り扱う"MONIN"のシロップだ。

スノーウィーヴィレッジ
SNOWY VILLAGE 新大久保店
☎ 03-6302-1158
住所=東京都新宿区百人町1-1-20 グリーンプラザⅡ 1棟／営業時間：月〜木10時〜23時 金土日・祝日10時〜23時30分／定休日：無休

人気No.1!

生いちごビンス　1,300円

フレッシュなイチゴを使った人気NO.1の通年商品。❶口の中でふわっと溶けるミルクかき氷を山盛りに。そのまわりに大きくカットしたイチゴとふわふわの生クリームをトッピング。❷濃厚な「モナン ストロベリー・フルーツミックス」を、かき氷の中とイチゴの上にもたっぷりとかける。なめらかなジャムのような口当たりのシロップを加えることで、ワンランク上のかき氷に。

モナン ストロベリー・フルーツミックス
深みのある明るい赤色。糖度65、フルーツ含有量50%。イチゴの種や繊維入りのシロップで、果実が凝縮された甘みが特徴。

❶

❷

ブルーベリーチーズビンス　1,300円

大粒なブルーベリーをたっぷり使った一品でフルーティな味わいが魅力。チーズケーキと「モナン ミックスベリー・フルーツミックス」の相性は抜群で、モナンのシロップがチーズケーキの味を引き立てる。また、定番タイプのグラスに入る「モナン チーズケーキ・シロップ」で味わいを高めている。

右：モナン ミックスベリー・フルーツミックス
深みのあるダークレッドカラー。糖度60、フルーツ含有量50%。ラズベリー、ブルーベリー、ストロベリーの3種の果実によるバランスの良い甘みが特徴。

左：モナン チーズケーキ・シロップ
チーズケーキの濃厚で酸味のきいた味わいを表現したシロップ。

フルーティ♪

ベリーベリービンス 1,300円

ブラックベリー、ブルーベリー、ラズベリーの果肉をふんだんに使ったさっぱりとした味。ベリーのおいしさを丸ごと閉じ込めた「モナン ミックスベリー・フルーツミックス」の甘酸っぱさと果肉のつぶつぶ感がクセになる。

つぶつぶ♪

········ モナン ミックスベリー・フルーツミックス

いちごみるく 550円

質の高い新鮮な牛乳に「モナン ストロベリー・フルーツミックス」をプラス。液体にも溶けやすく、きれいなピンク色に仕上がる。味もおいしくインスタ映えがするドリンクは発売直後から人気に。

＼ドリンク使いもできる！／

········ モナン ストロベリー・フルーツミックス

MONIN

モナンの「フルーツミックス」は、お店で良く見かける透明なグラスに入ったモナンシロップと違う、ピューレ入りタイプ。サトウキビ由来のピュアシュガーとフルーツの果汁やピューレをブレンドした果肉入りのシロップ。「ストロベリー・フルーツミックス」と「ミックスベリー・フルーツミックス」の他にも、ほろ苦く甘酸っぱいユズのピールが入った「ユズ・フルーツミックス」など、全16種類のフレーバーがある。フルーツ感たっぷりで、かき氷やフローズンドリンクなど、水分が多いメニューにぴったり。親指一本で押して開けられるキャップを採用しており、別売りでオペレーションを簡易にできるポンプタイプもある。

『SNOWY VILLAGE』は、世界各国で150店舗以上を展開する韓国発祥のかき氷店。2017年12月、日本に1号店がオープン。口の中でふわっと溶ける、なめらかで絹のような新感覚のかき氷は、10〜20代を中心とした幅広い年代層の女性客から高い支持を受け、瞬間に人気店へと成長した。

"ビンス"とは韓国の"かき氷"を表す言葉。"世界で一番美味しいかき氷"と謳い、絶賛されている同店のビンスの魅力について、日本で同店を運営する株式会社B.Nの統括部長である池宰煥（ジ ジェ ファン）氏に話を伺った。

「弊社のビンスは、水を凍らせた氷を削るのではなく、新鮮で高品質な牛乳や生クリームをベースとした液体を機械の上に流しながら、瞬時に凍らせたミルク氷で作ります。その上に、フレッシュなフルーツをふんだんにトッピングして、見た目だけではなく食べ応えにもインパクトを持たせました。そして、弊社のビンスに絶対的に不可欠なのが、モナンのシロップです。モナン フルーツミックスは、50％がフルーツで作られたピューレなので、味がとにかく濃厚です。ミルキーなビンスとフレッシュ・フルーツとの相性が良く、このシロップをかけるだけで、酸味のあるフルーツにほんの少し甘みが加わり、素材の味を引き出してくれる。たとえば、「ストロベリー・フルーツミックス」は、イチゴのつぶつぶの種まで丸ごと使われているので、シロップをかけるだけなのに、まるで、手作りソースを使ったような贅沢なビンスに仕上がります。簡単に使えるだけでなく、新たなメニュー作りに大いに役立つ商品です」と、池氏は語った。

フレーバーの種類も豊富なモナンのシロップを使うことで、斬新なメニューが広がるに違いない。

問い合わせ先⇒日仏貿易株式会社 Tel: 0120-003-092 http://www.nbkk.co.jp/

CHAPTER 5

かき氷店を100年続けるために
〜愛されるお店の作り方〜

藤沢・鵠沼海岸の人気店『埜庵』に学ぶ
5つのヒント

ABOUT SHOP

監修　埜庵 店主
かき氷文化史研究家
石附 浩太郎
ISHIDUKI KOTARO

構成　山本あゆみ

1 先駆者として

AS A PIONEER OF BUSINESS

かき氷屋という仕事を創った誇り

2019年で創業17年を迎える、かき氷の店『埜庵』。天然氷と旬の果物を使ったシロップで作る独創的なかき氷は、通年で提供され、その味を求めて多くの訪問客で賑わう。かき氷業界を牽引し続ける同店は、週末だけでも夏季500人分、冬季200人分を売り上げ、ここ数年のかき氷ブームとSNSの普及で遠方からのお客や外国人観光客も増えている。

天然氷を使ったかき氷は「いちご」や「Wいちご」、そして夏季に人気の「白桃」、抹茶メーカーと意見交換をしながらかき氷用にブレンドした抹茶から作る「抹茶」など、定番と限定品を含め、常時約20種類を揃える。別添えのソースにも練乳やチョコレートなどアレンジを効かせ、子供からお年寄りまで幅広い年齢層から支持されている。店主の石附浩太郎さんは、これまで1杯300円程度だったかき氷の価格を800〜1000円まで押し上げ、かき氷マーケットを創り出した先駆者だ。

「僕が最初にやりたかったのは、かき氷のスタンダードを変えること。開業当時、1杯800円でも高すぎるという声もありましたが、ここ5、6年で、『埜庵』を超える価格を設定する店舗が増えました。新しい価値が確立し、真冬でも営業できるかき氷屋という仕事を創り出したことを誇りに思います」と石附さんは話す。

石附さんのかき氷との出会いは1998年。33歳の時だった。上の娘さんと埼玉県秩父郡長瀞を訪れ、ふと目に止まった天然氷の蔵元『阿左美冷蔵』で梅酒のかき氷を食べ、衝撃を受けた。以来、会社を辞める2001年から『阿左美冷蔵』へ通い詰め、10月に退職した石附さんはその年から氷作りの手伝いに入る。2002年4月から半年間、料理の勉強のため学校に通う。修了後は半年限定で個人経営の宿やフレンチレストラン、大規模ホテルなど形態の違う5か所の飲食店を掛け持ち、何でも吸収しようと懸命に働いた。

2003年3月、念願叶って鎌倉・小町通りの『雪ノ下ガーデン』の一画の屋台で開業。奥様の晴子さんとの2人3脚での営業は2年契約の期間限定で、その間はできることは何でもやろうと決意した。

当時は秩父『阿左美冷蔵』の天然氷を使っており、秩父の天然氷が鎌倉で楽しめるという話題性もあり、一年目から『埜庵』のかき氷はメディアなどで取り上げられ、客足も伸びた。その後、契約満了と共に屋台を閉め、同じ鎌倉の古民家に移転の予定だったが建物の状態が悪く断念。そんな時に紹介されたのが藤沢・鵠沼海岸駅に近い今の店舗。かねてから抱いていた古民家のイメージとはほど遠かったが移転を決め、2005年5月1日『埜庵』の再出発が始まった。

『埜庵』の石附さんご一家。店主石附浩太郎さん(中央)と奥様の晴子さん(右)、長女の千尋さん(左)。次女の汐里さんは撮影時不在。

かき氷に絞り、食事メニューは1品のみ

　屋台から2階建て1軒家の規模になり、当初はたくさんの人に知ってもらいたいと考えた石附さん。1年目はすぐ先の公民館帰りのお客を念頭に、ハヤシライスやビーフシチューなどに飲み物とデザートをつけたランチメニューを複数揃えたが、2階席は満席となり、かき氷を楽しみたいお客を受け入れられないという事態が起きた。「一見いいように思いますが、要は『ここがいいんじゃなくて、ここでいいじゃない』というお客様で一杯になっている。僕みたいな商いはそれじゃダメなんです」

　2年目からかき氷をメインにしたメニュー構成に変更。けれども利用客が急減し、ついに2007年11月、かき氷が1杯も出ない日が発生してしまった。これが転機となり、石附さんはかき氷1本に絞る決断を下し、さらなる客数の減少というリスクも承知で食事メニューを1品のみとした。それもお得なランチで人を呼ぶというのではなく、かき氷のお客にお腹が空いていたら「何か一品くらいは用意しますよ」というスタンスに切り替えた。夏場に限って繁忙期のため、かき氷のみの提供になる。

　「今までのランチ目当てのお客様にはがっかりされました。でも、店舗経営には自分の形を貫き、変えていくものと変えてはいけないものを明確にすることが大事」

　38歳で開業して、10年後に店が潰れてしまったら家族もスタッフも路頭に迷う。「この経営方針が継続していけるものなのかどうかという目線も大切です」と石附さんは振り返る。新たに目指したのは、自分が"おいしいかき氷"ではなく、"お客がまた訪れたいかき氷の店"。かき氷屋としてきちんと仕事をすること。これまでの考え方を払拭し、お客に『埜庵』を好きになってもらうために、やるべきことが明快になった。

　以来、食事メニューは1品に絞り、「ナポリタン」や例年1月と2月に登場する「味噌煮込みうどん」、隔年で登場する「カレーうどん」が残った。これらは特にお客の人気が高いものだったが、さらに期間限定になることで、かき氷とは違った『埜庵』の名物メニューとなった。同店ではかき氷と一緒に食事を注文するお客が多い。冬季ほどその傾向が強く、夏季1200円〜1300円の客単価は冬季には2000円を越え、冬場の客数減を単価増で補うという理想的な形になっている。

2 長く愛されるお店の価値作り

CREATE VALUE OF
LONG ESTABLISHED SHOP

ファンになって下さるお客を増やす

　それまで未開拓だった冬のかき氷マーケット。石附さんが開業した頃は、インターネットの発展と重なり、ブログが広まりつつある時代だった。今まで人づてだった口コミのツールが格段に変化し、『埜庵』の訪問客が発信するブログの効果で客足も増え、たいぶ助けられたという。

　夏は当たり前のかき氷だが、冬こそかき氷店という商売の真価が問われる。そこで石附さんは"冬こそ、おいしいかき氷を食べてもらいたい"と考え、いちごを使った自家製シロップでかき氷を販売。石附さんの考え方は徐々に世間に受け入れられ、人々が冬のかき氷のおいしさに目覚め、かき氷は夏のものという今までの常識を覆した。

　石附さんの考えるかき氷のカタチはとてもシンプル。氷を削ってシロップをかけるだけ。それが伝統的な日本の食文化のかき氷だと考える。だが、もともと冬にはかき氷というものが存在しなかった。

　「だから、冬のかき氷は今までのカタチにとらわれずに何をやってもいい。新しく作る。夏は伝統的なかき氷を突き詰める。冬は新しく独創的なかき氷を作る。単に一年中かき氷というのではなく、自分の中で「きっちりと区別をつけている」と語る。

　それでは、石附さんは店づくりのベースとなる「強み」についてどう考えているのだろうか。

　「かき氷屋という商いはそれまでなかったじゃないですか。もしかしたら、その昔、誰かが挑戦して、継続できなかったのかもしれません。少なくとも僕が開業した頃は、都内にもかき氷専門店はありませんでした。もし、"冬にかき氷"というマーケットが存在していたら、『埜庵』はもうとっくになかったと思います。マーケットの開拓はお客様をひとりひとり増やしていくことが基本作業で、飲食ビジネスとしては一番単純な考え方です。本当のニーズとはお客さまが望んでいること、ではなくてお客様が気づいていないことを提案することだと思います。『こんな大きいかき氷、食べられないよ!』というお客様が、『食べられた』、『頭がキーンとしない』というように、お客様から『何故?』を引き出すこと、新しいニーズを提案できたことが今につながっています」

　さらに、5年目までは大変な苦労もあり、苦しいことばかりだったという。10年続けていくうちに共感してくれるお客も増えてきた。幸い、開業初期の頃からのお客も大勢いて心強かった。『埜庵』のコアなファンは心底、『埜庵』を愛してくれる真のお客だ。石附さんは競争の相手は他店ではないという。狙うのも、ワールドレコードではなく自己ベスト。お客は、一生懸命努力しても気がついてくれないことが多いが、手を抜いたときはすぐに気づくという。

　常連客は夏の繁忙期ではなく、冬になると戻ってきてくれることが多い。平日の昼下がり、偶然にも常連客の訪問が重なり、時間も忘れて石附さんを囲んで談笑することもしばしば。また、常連客の中には、客足が鈍る冬こそ、少しでも『埜庵』の売り上げに貢献したいという親心にも似た愛情も生まれると聞く。

　石附さんが17年前にはじめた、"お客様をひとりひとり増やしていく"試みは確実に実を結んでいる。

(左)かわいいイラストも添えて、わかりやすくメニューを説明する。(右上)黒板メニューには本日のかき氷が書かれている。(右下)2階客席にはほうじ茶、水、お手拭きなどを置く。

価値とはお客や企業が共感してくださること

『埜庵』のように17年も続く通年営業のかき氷専門店はほかにない。長く愛され続ける店の価値作りの考え方とはどのようなものだろうか。

サラリーマン時代、営業職が長かった石附さん。会社の看板で営業をしているときは気づいたら売れていたということがある。結果オーライだが、個人で仕事をしていたらそれは一番ダメだという。自分がこうしようと思って、考えて動いて、それで得たことしか結果とはいわない。結果より、それを導き出すための過程こそが自分の知識や経験を増やすことで、フリーランスでは、それしか自分を守ってくれないという信念が根底にある。

「自分では店の価値を作るとか、価値を持たせてきたつもりはありませんでした。自分がこうしようとか、何か理想みたいなものがあったら逆にうまくいかなかったかもしれません。天然氷と自家製シロップを使って、冬でもおいしいかき氷を提供するというシンプルなことを自分ができる範囲でやってきただけです。店というものはお客様が価値を決めるもので、自分の志や信念をお客様に価値として認めていただくこと、すなわちお客様が共感してくださることだと思います。よく、販売戦略などで、客層のターゲットを絞るっていいますよね。若者とか女性とか、お年寄りとか。僕からすると、もったいない。女性であれ、男性であれ、年齢に関係なく、自分がやっていることに共感してくれるならみんな大切です」

石附さんはこの考え方を貫いてきたことで、企業の目に止まる機会も増え、新たなビジネスチャンスにつながった。なかでも"水と生きる"という企業理念の、サントリー食品インターナショナル㈱とのアドバイザリー契約は、"水を食べる"というのが日本の伝統的な食文化としてのかき氷、と考える石附さんの志と合致したことによって成立した。

「日本人は"水を食べる"文化を持つ、ということをしっかりとアピールしてきたことで、ビジネスにつながっていく。これも新しい価値かもしれません」

3 お客様とのコミュニケーション

COMMUNICATION WITH CUSTOMERS

マニュアルを超えた接客が感動と共感を生む

　飲食店を経営する上で2本柱となるのが、「料理」と「接客」だ。なかでも心に残る「接客」は集客にとって欠かせないポイントだ。

　現在、『埜庵』のスタッフは、石附さんのご家族（奥様の晴子さん、長女の千尋さん、次女の汐里さん）のほか、総勢18名。冬季の平日でも7、8人を揃え、氷の削りと調理、接客を分担する。同店の天然氷と季節の果物などの食材を使った自家製シロップでつくる独創的なかき氷に加え、心地よい接客もリピートにつながっている。

　「スタッフは一体感があり、いわばチームです。うちにはマニュアルはありませんし、僕は何も指導していません。よいお手本となる先輩の下で削りの技術を学んだり、お客様情報（注文したかき氷やテーブル番号、人数など）を共有するなどして、スタッフ自ら考え、行動できる人材に育ちます。バイトで入った学生のほとんどは辞めることなく大学卒業と同時に巣立っていきます」

　さらに、お客とのコミュニケーション作りに欠かせないツールがストローだ。スタッフは客席に目を配りながら、ストローを持って回る。かき氷が溶けてジュース状になってしまった時に使うもので、ストローを出されるとお客は感謝し、心に残る接客につながる。

　「最近では、カウンターにストローを置いたり、提供時のお盆に初めから置いてあるお店もあります。確かにその方が効率的。でも本当の目的はストローを渡すタイミングを探るためにお客様をちゃんと見ていること。結果的にタイミングを間違えたり渡しそびれたりがあるかもしれない。それでもいい。何でそうしているのか皆が意識を共有することが大事です」と石附さん。

　また、『埜庵』ではお客の特長を把握することも大切にしている。例えば、客席を回っている時、関西のイントネーションが聞こえたとすると、その情報はほかのスタッフに共有され、石附さんに報告される。そのお客が帰る時、「遠方からですか？」と声をかけることでひとつコミュニケーションが取れる。

　加えて、奥様の晴子さんは大学時代幼児教育専攻で保育士だっただけに、子供客への目のつけどころが違うという。

　「晴子さんは子供に目が向くんですね。お客様に『かわいい帽子ですね』と声をかけたりする。親御さんにとっては嬉しいですよね。細かなところまで気づくのはさすがです。最近ではコスト削減で人手を減らすのが常態化していますが、たくさんの目でお客様の情報をキャッチすることが重要です。スタッフが多いとオペレーションがスムーズです。『埜庵』がスタッフを充分に配置するのにはそんな理由もあります」

　スタッフが多いことを無駄と考える風潮があるが、無駄にするか、無駄にしないかはお店の姿勢の問題だと石附さんは断言する。ストロー配布、さりげない会話など、『埜庵』の客席は心地よく、温かな雰囲気に包まれている。「おいしかった」は飲食店だから当たり前。それよりも「また来たい！」と思ってもらえるかどうかが重要だ。

　「よく、どうやって集客をするかというのが話題になります。まったく知らない人を呼んでくるより、自分の意志で一度ご来店いただいた方に、また来ていただく方が簡単じゃないですか。一度来ているんだから。」

　お客の感動と共感はマニュアルを超えたところに生まれる。

（左）かき氷を食べ終えた満足感が大切と考える石附さんはお客様をひとりひとり見送り、挨拶する。常連客の小西さんとも会話が弾む。（右）2008年から会員証を発行していたが、今は回数券の表紙に。作者は色鉛筆作家のせきやあきこさんで、どこかに干支が描かれている。12年が経過し、干支もひと周りした。

"お客様の顔を見て、「ありがとうございます」と伝えた回数は誰にも負けません"

昨今、かき氷が冬でもおいしいと認知され、かき氷の新たなマーケットをつくり出した石附さんだが、ここ数年のかき氷ブームは予想外だという。

「ちょっと前にスイーツ男子という言葉がありましたが、初期の頃のかき氷ブームを牽引したのはこの方たちだと思います。ここ何年かでかき氷専門店という店は増えました。マーケットが大きくなるのはとてもいいことです。かき氷のカタチだけでなくサービスの方法、特に混雑時の整理券対応などは勉強させてもらうことがあります」

また、冬のかき氷市場の拡大は、「多くのかき氷店の努力の賜物。確実におこぼれいただいています」と石附さんは笑う。そしてこれこそが目指していたものだと。

開業から4、5年目は苦しいことばかりだったという石附さんだが、10年続けることで気づきもあり、共感してくれるお客も増えた。

「全国にかき氷店が増えましたが、最初はどこかの真似から入っても、それぞれの店にとって、正しいスタイルがあるはず。それを悩んで考えて、長く続けられるような仕組みをつくれる店は好転します。それには現場をよく見ること。僕ほど、客席に顔を出す人間はいないと思います。僕はお客様との会話を大切にしており、お帰りの時は出来る限り『ありがとうございました』と直接お見送りに出る。その回数はおそらく、他のどの店のオーナーさんや店長さんより多く、誰にも負けません。『埜庵』には季節や週末を問わず、都心からわざわざ電車を乗り継いで来てくださるお客様や新幹線や飛行機で遠方から来てくださるお客様も多いです。もう感謝の気持ちでいっぱいです。お客様とはできるだけコミュニケーションをとりたいと考えています。おいしかったより、来てよかったと思ってもらうのが重要で、帰る時のお客様の満足感を一番に考えています」

4 埜庵のかき氷

THE KAKIKOHORI OF NOAN

愛され続ける2大ロングセラー

Wいちご・夏いちご

いちごのかき氷の中に生のいちごのゼリー寄せを入れた冬の人気No.1メニュー。取材時のいちごは長崎県産「さちのか」を使用し、食べやすい大きさにカットしたものをプリンカップなどに入れて、ゼリーに仕立てた。氷の中にゼリーを隠し、さらに氷を削り、上からいちごシロップをかける。食べ進めるうちにぷるるんとしたゼリーが顔を出すという感動も生むかき氷。夏場はいちごがなくなるため、山梨県北杜市『朱りファーム』の専用ハウスで、夏いちごの栽培から手がけている。一年を通じて生のいちごを使えるのも『埜庵』のいちご氷が評判の所以だ。1170円（税込）で販売。

（左）透明感のあるいちごのゼリー寄せはいちごの酸味を生かしつつ、自家製糖蜜でほのかな甘さを加えた。（右）シロップは、山、谷、まわりの計3回が基本。どこをすくってもシロップがかかった氷が味わえるよう回しかける。

抹茶金時

抹茶シロップの抹茶は、"かき氷にした時においしい抹茶"をベースに考え、愛知県西尾市の㈱葵製茶に依頼している。菓子に使われる加工用から茶道用の高級品に至るまで幅広いグレードの抹茶を選んでテイスティングし、等級の異なる銘柄をブレンドすることで、かき氷の抹茶らしいイメージに近づけていった。氷の中には平塚の老舗和菓子店『安栄堂』のあずきあんが仕込まれており、抹茶とあんこという王道の組み合わせを楽しむことができる。さらに別添えの練乳をかけると抹茶ミルクの味わいにもなり、かき氷の奥深さが体感できる。期間限定で白玉を月に見立て、紅葉をイメージした羊羹を飾ると、より印象的なかき氷になる。1170円(税込)で販売。

かき氷を積み、抹茶シロップをかけ、中央をくぼませてあずきあんを入れる。氷の積み方は三層で、空気を含ませて削り、塔をイメージして形を整える。

色彩・食感・味わいを活かした記憶に残るかき氷

福島県・会津地方北部の喜多方市で栽培されているりんごの木。りんごは有袋でギリギリまで樹上に残し、氷温下に置くことで甘みが増す。

りんご＆キウイ

福島県産「ふじ」は石附さんの叔父が喜多方市で育ててくれている。りんごとキウイをそれぞれすりおろし、自家製糖蜜と合わせ、ピュレに仕立てる。ふんわりとした氷の食感とシロップのフルーティーで爽やかな酸味が持ち味のかき氷。果物をすりおろして仕立てるシロップは非加熱食品のため、作り置きには適さない。1070円（税込）で販売。

ココナッツミルク練乳

ココナッツミルクと練乳を2対1で合わせたシロップをかけ、白玉をトッピングしたアジアンスイーツ風かき氷。別添えのココナッツ練乳で好みの甘さに調節できる。ココナッツミルクは時間が経つと油分が固まるため、必ずひと手間かけないと滑らかな食感にはならない。作り方は「秘密」だそうだ。1070円（税込）で販売。

(左)男性スタッフは採氷作業、女性スタッフはいちごの苗植えの作業に出向く。素材の近くまで行くことで、「腕は上がらなくても人が変わる」そうだ。(右)食事メニューの定番のひとつである「ナポリタン」(650円)は昔の懐かしい味。「これが本当によく出る」そうだ。

天然氷とシロップのそれぞれのおいしさを最大限に引き出す

　今や、夏の風物誌だけではなくなったかき氷は、真冬でも楽しむ人が増えた。『埜庵』では、日光『三ツ星氷室』の天然氷と四季折々の果物や食材を使う季節感あふれるかき氷は定番と限定を合わせ、常時約20種類提供する。

　「夏のかき氷は最初の3口で評価が決まる。あとは溶けてしまったときにおいしいいちごミルクに、という点でドリンクに近い。逆に冬のかき氷は最後まで溶けない。最後まで食べて『おいしかった』にならなくてはいけないのでどちらかというと冬の方がスィーツに近い」

　さらに、かき氷の味の決め手となるシロップは果物のおいしさが最大限に引き出されたもので、自家製糖蜜とからまるように仕立てていく。石附さんは天然氷と果物のそれぞれのおいしさが味わえるよう、常に素材と向き合っている。

　「最近は甘さ控えめが流行していますが、そもそもかき氷は非加熱食品で、シロップも作ってから3時間以上経過すると状態が安定してこないので、保水や保存を考えるとある程度の糖度が必要になります。砂糖には味の役割だけでなく安全の意味もあります。僕のシロップの考え方はこうです。例えば、オレンジ果汁と自家製糖をはじめから混ぜ合わせるのではなく、かき氷の上に糖蜜をかけ、その上にオレンジ果汁をかけていきます。重ね着のようにかけることで、柑橘の香りが立っておいしくなります。また、シロップには糖度、濃度、温度、粘度という4つの度数があり、それぞれ季節やその時の削り方で調整しています」

　『埜庵』の代名詞となるかき氷といえば、やはりいちごと抹茶だ。いちごの旬は冬だが、夏こそフレッシュないちごのかき氷を食べてもらいたいと考え、いちごの仕入れ先である、山梨県北杜市の「朱りファーム」に夏いちごの栽培をお願いしている。貴重で高価な夏いちごを普通に使えるようにと考えたのがハウス一棟契約。新鮮な夏いちごで作るシロップがおいしくないわけはない。

　「何といっても鮮度。だけど、夏いちご自体が酸味も十分持っているので、実はシロップにしたら今は夏のいちご氷の方がおいしいといわれることも多いです。新鮮な夏いちごを使った方がおいしいに決まっています。でもふつうは高価で使えない。どうやったら使えるか。その方法をひたすら考える。天然氷もそうですが、いい食材を使えば料理がおいしいのは当たり前じゃないですか。だから、僕の仕事はそれをずっと使える仕組みを考えることだけです」

　抹茶についても2011年から愛知県西尾市の老舗の抹茶製造会社(株)葵製茶と取引を始めた。抹茶をかき氷のシロップに仕立てるには、誰もがわかりやすい渋みや苦みといったものも必要だと、石附さんは考える。『埜庵』で冬の間に「恵抹茶」として提供される抹茶は、それこそ葵製茶が誇る薄茶の中でも最高グレードの「葵の誉」という銘柄がベースになっており、最高級の抹茶ならではの豊かな風味やうま味を活かしつつ、さらに苦みを連れてくる抹茶と渋みを連れてくる抹茶を厳選し、ブレンドして作られている。

　「最高級品の抹茶ということは選りすぐりの碾茶から作られているわけで、そこに混ぜ物をするなんて、抹茶界の常識からは逸脱しているし、最初は『バカヤロー』って叱られるんじゃないかと冷や冷やしていました」

　メーカーの方も驚く、新しい発想で作った抹茶は「本当は『埜庵』で一番のかき氷だと思っている」という一番の自信作だ。

5 かき氷ビジネスのさらなる広がり

FURTHER EXPANSION OF BUSINESS

かき氷を削るのが仕事ではなく、かき氷を仕事にする

『埜庵』が開業して17年。今や日本全国には通年営業するかき氷専門店が増え続け、冬季でもかき氷を楽しむファンは多い。この間、かき氷業界の先駆者でもある石附さんはかき氷を削るだけではなく、かき氷を仕事として確立させた。さらに、日本の文化であるかき氷を広めるべく、メディアに登場する回数も増え、かき氷の魅力を伝えることから、かき氷を仕事とする誇りなど、幅広い視点で語ってきた。

開業希望者の訪問も多く、石附さんはかき氷店経営のノウハウを惜しみもなく伝え、相談にものってきた。また、家庭でもおいしいかき氷を楽しんでもらいたいとの願いから、2011年には『かき氷専門店・埜庵　お家でいただく、ごちそうかき氷』(株式会社KADOKAWA メディアファクトリー)を出版。かき氷の基本のシロップや果物、練乳を使ったオリジナルシロップを公開した。この本は今も毎年増刷がかかり、香港や台湾でも翻訳本が出版されるほどの人気を誇る。

さらに、2013年からはデパートの催事にも出店するようになった。かき氷は非加熱食品であるため、とりわけ衛生面に注力しなければならず、店以上の規模の厨房を作るという条件で、1日約1000杯以上を販売する。これまで、神奈川県の藤沢さいか屋、横浜髙島屋、横浜そごう、東京都の新宿髙島屋などで実績がある。

続いて2015年からはサントリー食品インターナショナル㈱(以下、サントリー)とアドバイザリー契約を結び、かき氷関連商品の開発や同年の夏に実施された『南アルプス天然水』のプレゼントキャンペーンでは賞品となる「かき氷サーバー」と同時に期間限定で販売された「プレミアムフルーツシロップ」の監修のほか、イベントなどのサポートを担っている。

「かき氷＝水を食べることは日本独自の文化です。"水と生きる"というサントリーさんの理念に近く、日本の文化事業にも力を入れていることも僕の志とつながります」

さらに活動は世界に広がる。小誌冒頭の石附さんの寄稿文にもあるように、アメリカの料理学校の最高峰である『カリナリー・インスティテュート・オブ・アメリカ The Culinary Institute Of America、略称:CIA』のカリフォルニア分校にアジア代表として招かれ、かき氷を披露した。氷を削り、シロップをかけるだけのシンプルな氷菓は日本独自のものでまさに日本文化であると石附さんは再認識した。

（左上）2015年6月25日から8月31日までの期間限定で「サントリー南アルプスの天然水」で作った氷で書き氷を提供する店が東京・港区の野外型コミュニティースペース「COMMUNE246」で開設された。（右上）石附さんが監修を務め、初日は「サントリー天然氷かき氷サーバー」でふわふわのかき氷を披露した。（下左右）2015年6月30日から数量限定で販売された「サントリー南アルプスの天然水プレミアムフルーツソース」3種（芳醇いちご、とろとろ白桃、朝摘みオレンジ）も石附さんが監修した。

　国内ではここ数年、町おこしとしてかき氷をフューチャーするイベントが各地で開催されており、2016年から18年にわたり山梨県北杜市でサントリーの『南アルプスの天然水』の氷を使ってかき氷を削り、イベントをサポートした。
　さらに2018年に発足した新潟県の「新潟かき氷プロジェクト」では、『埜庵』のかき氷削機の刃の研磨をお願いしている㈱サカタ製作所を筆頭に長岡・燕三条の金属加工・刃物メーカーの技術を結集して作られたかき氷機を使ったイベントにもかかわっている。
　「食材から入る町おこしはたくさんありますが、モノ作りからという発想の町おこしはかき氷に関してはなかったと思います。このようなとても珍しい試みに注目しています」
　かき氷を削るだけでなく、かき氷を仕事にしていく、という誇りを胸に、石附さんのさらなる活動は続く。

SHOP DATA

埜庵
NOAN

住所：神奈川県藤沢市鵠沼海岸3-5-11
TEL：0466(33)2500
営業時間：11時～18時
（L.O.17時、氷がなくなり次第終了）
定休日：月曜・火曜（10月から3月は不定休）

PROFILE

『埜庵』店主／かき氷文化史研究家

石附 浩太郎
ISHIDUKI KOTARO

1965年、東京都出身。大学で商品学を学び、音響機器メーカーを経て、2003年にかき氷を通年提供する店として『埜庵』を鎌倉で開業。2005年に藤沢・鵠沼海岸に移転。旬の果物などの食材を独創的なシロップに仕立て、四季折々のおいしさを表現するかき氷は真冬でもファンの訪問が絶えない。

石附浩太郎氏 著書 ご紹介

**かき氷専門店・埜庵
お家でいただく、
ごちそうかき氷**

埜庵　Khori-Noan 石附浩太郎
定価：1000円（税別）
発行：株式会社KADOKAWA

**かき氷屋
埜庵の12カ月**

店主　石附浩太郎
定価：1400円（税別）
発行：株式会社主婦の友社
※紙版は現在品切れ、重版未定
※電子書籍あり

**なぜ、真冬のかき氷屋に
行列ができるのか？**

湘南ストーリーブランディング研究所
川上徹也
かき氷屋『埜庵』店主　石附浩太郎
定価：1500円（税別）
発行：株式会社日本実業出版社

THE TEXT OF GELATO

ジェラート教本

基本技術と多彩なバリエーション

ジェラート教本
根岸 清・著
定価：本体3,000円＋税

著者プロフィール

根岸 清（ねぎし・きよし）
数多くのイタリア訪問を経て、本場のジェラートやエスプレッソを完全修得したエキスパート。日本に本場のジェラートと正統派のエスプレッソを普及させる原動力となったエキスパートの草分けで、現在も数多くのセミナー・指導を行なっている。

イタリアのアイスクリーム「ジェラート」。本物志向の高まりで、日本でも人気拡大が続いている。そのジェラートの知識、技術、多彩なバリエーションまでを網羅したのが本書。専門店の開業経営はもちろん、カフェやレストランのジェラートの導入に必読の一冊。

本書の主な内容

アイスケーキを作る

シャーベットのバリエーション

アイスのバリエーション

ジェラートの基本知識と技術

お申し込みは、お近くの書店または旭屋出版へ　　旭屋出版　　販売部（直通）TEL03-5369-6431　　http://www.asahiya-jp.com
東京都新宿区愛住町23番地2 ベルックス新宿ビルⅡ6階

近代食堂 MENU AND MANAGEMENT FOR THE PROFESSIONAL

CAFERES Coffee & Menu for Cafe

定価：本体1380円+税

毎月22日発売

定価：本体1280円+税

毎月19日発売

近代食堂は、2018年10月号からリニューアルしました。

外食業界に携わる人のための総合専門誌。
メニュー開発、販促、人材育成、接客サービスなど、
飲食経営に重要なテーマを毎月特集する他、
最新の繁盛店情報、人気店のメニューレシピなど、
繁盛店づくりの役立つ情報を毎月お届けします。

カフェ&レストランは、2017年6月号からリニューアルし、カフェレスになりました。

コーヒーを始めとするカフェの人気メニュー、
個人経営店の開業事例、接客サービスや販促といった
経営力強化、人材育成など、小規模でも強い店を
つくるための実用情報を毎月特集。

バックナンバーも好評発売中!!

- 月刊誌の定期購読のご案内　お求めの方はお近くの書店へお申し込みください。
- インターネットでご注文をご希望の場合は**株式会社富士山マガジンサービス（Fujisan.co.jp）**へ
  お電話は フリーダイヤル **0120-223-223**／24時間365日対応

お申し込みはお早めに！ 旭屋出版　販売部（直通）TEL03-5369-6431　http://asahiya-jp.com
東京都新宿区愛住町23番地2 ベルックス新宿ビルⅡ 6階

監修
『埜庵』石附浩太郎（かき氷の「氷」について、かき氷店を100年続けるために）
根岸 清（かき氷の「シロップ」）

STAFF
カバーデザイン
野村義彦（LILAC）

本文デザイン
野村義彦（LILAC）
金坂義之（オーラム）

取材・執筆
稲葉友子　亀高 斉　三上恵子　安武晶子　山本あゆみ
虻川実花　諫山 力　シキタリエ　高橋晴美　中西沙織

撮影
後藤弘行　曽我浩一郎（旭屋出版）
合田慎二　内田昂司　太田昌宏　香西ジュン　佐々木雅久
田中 慶　戸高慶一郎　花田真知子　ふるさとあやの　松井ヒロシ

画像提供
細島雅代

編集
前田和彦　斉藤明子（旭屋出版）

リサーチ協力
黒澤あすか　杉本恵子（旭屋出版）
戸田竜也

かき氷
for Professional

発行日　2019年5月1日　初版発行
　　　　2024年7月29日　第4版発行
編者　旭屋出版編集部編（あさひやしゅっぱんへんしゅうぶへん）
発行者　早嶋 茂
制作者　永瀬正人
発行所　株式会社 旭屋出版
〒160-0005　東京都新宿区愛住町23番地2　ベルックス新宿ビルⅡ6階
TEL：03-5369-6423（販売部）
TEL：03-5369-6422（広告部）
TEL：03-5369-6424（編集部）
FAX：03-5369-6431
https://www.asahiya-jp.com
郵便振替 00150-1-19572
印刷・製本 株式会社シナノパブリッシングプレス

※落丁本・乱丁本はお取り替えいたします。
※無断複製・無断転載を禁じます。
※定価はカバーに表示してあります。

ⓒAsahiya publishing Co.,LTD.2019　Printed in Japan
ISBN 978-4-7511-1380-6 C2077